Die wirtschaftliche Kraftversorgung

für kleinere und mittlere Industrie- und Gewerbe-Betriebe

von

Paul Niemann
Oberingenieur V. D. I.

Mit 92 Textabbildungen, Tabellen, Diagrammen
Betriebskosten-Übersichten u. a. m.

Berlin W
M. Krayn / Technischer Verlag / G. m. b. H.
1930

Großdruckerei Paul Dünnhaupt, Köthen (Anhalt)

Vorwort.

In den heutigen Industrie- und Gewerbebetrieben bilden die Kosten für die Krafterzeugung einen erheblichen Teil der Betriebsausgaben und damit auch der Gestehungskosten des Fabrikates, deren Verminderung das Ziel jeden Betriebsleiters ist.

Es ist nun verhältnismäßig schwierig, bei den vielen verschiedenen Möglichkeiten zur Deckung des Kraftbedarfes die Möglichkeit herauszufinden, die die wirtschaftlichste Lösung der Frage, also das Minimum an Kosten bringt.

Ich habe deshalb in der vorliegenden Schrift die Eigenschaften der verschiedenen Kraftmaschinenarten in betriebstechnischer und wirtschaftlicher Beziehung erörtert. Ich beabsichtige damit, den Herren, die für die Einrichtung von Betrieben verantwortlich sind, ohne selbst energiewirtschaftlich genügend geschult zu sein, die Möglichkeit zu geben, sich ein Urteil über die Wirtschaftlichkeit der Kraftversorgung zu bilden und etwaige Pläne über Veränderungen kritisch zu prüfen. Vielfach werden auch die Kraftverbraucher von den verschiedensten Seiten propagandistisch bearbeitet, um sie als Kunden zu gewinnen. Nicht immer wird dabei das Interesse derselben in den Vordergrund gerückt, so daß es zweckmäßig erschien, ihnen die Möglichkeit zu schaffen, selbst urteilen zu können.

Allerdings wird man, mit Rücksicht auf die Schwierigkeiten der Materie besonders bei größeren Projekten einen gründlich geschulten und erfahrenen Sachverständigen nicht entbehren können.

Ich hoffe, daß meine Arbeit zur Klärung der behandelten Fragen beiträgt, und danke den verschiedenen Firmen für die freundliche und bereitwillige Überlassung von Material, Klischees usw.

Köln-Ehrenfeld im Dezember 1929.

Paul Niemann.

Inhaltsverzeichnis

Zeichen-Erklärung.

PS	= Pferdekraft	t	= Tonne
PSh	= Pferdekraftstunde	l	= Liter
WE	= Wärmeeinheit = Kalorie	kg	= Kilogramm
kW	= Kilowatt	km	= Kilometer
kWh	= Kilowattstunde	m^2	= Quadratmeter
V	= Volt	m^3	= Kubikmeter
kV	= Kilovolt = 1000 Volt	kcal	= Kalorie
KVA	= Kilovoltampère	Atm.	= Atmosphäre
h	= Stunde	°	= Grad Celsius

Einführung.

Die Entwicklung der Kraftwirtschaft wird entscheidend beeinflußt durch die fortgesetzte Verbesserung und Verfeinerung der Verwendung der Kohle. Ursprünglich nur Brennmaterial, wandelte sie sich immer mehr zum Rohstoff für hochwertigere Energieformen (Gas, Öl, Elektrizität).

Abb. 1. Atmosphärische Gasmaschine von Otto und Langen. Motorenfabrik Deutz.

Die Verwendung der Maschine zur Krafterzeugung begann mit der Einführung der Dampfmaschine, die im Lauf des vorigen Jahrhunderts in den größeren Betrieben in steigendem Maß Verwendung fand. Otto und Langen schufen sodann zunächst die atmosphärische Gasmaschine, Abb. 1, die 1867 auf der Pariser Weltausstellung große Erfolge erzielte. Aus dieser Maschine entwickelten sie dann den sog. „Deutzer Motor", den Viertakt-Gasmotor (Abb. 2). Dieser Motor hat dann zusammen mit dem nach ihm gebauten Benzinmotor bis gegen Ende der 90er Jahre als Kraftmaschine für kleinere und mittlere Industrie- und Gewerbebetriebe, kleine Elektrizitätswerke etc. das Feld beherrscht, bis ihn der Elektromotor mehr und mehr verdrängte.

Keiner konnte ahnen, welch gewaltiger Siegeslauf der Elektrizität dadurch beschieden sein sollte[1]), daß Werner v. Siemens im Jahre 1866 das dynamoelektrische Prinzip entdeckte. Zunächst entstanden kleine elektrische Einzelanlagen, die sich dann, unter Führung Emil Rathenaus über Zentralen für Häuserblöcke, Straßen und Stadtteile zu den städtischen Elektrizitätswerken entwickelten. Allen diesen Anlagen war die Verwendung des Gleichstromes gemeinsam, wodurch sie gleichzeitig auch in ihrer Ausdehnung begrenzt waren.

Wesentlich weitergehende Möglichkeiten boten sich, als es Oskar v. Miller im Jahre 1891 gelang, eine Leistung von 300 PS von Lauffen

Abb. 2. Erster Viertelmotor von Otto und Langen. 1876.

am Neckar 180 km weit nach Frankfurt a. M. zu übertragen. Die Übertragung erfolgte mit der damals unerhört hohen Spannung von 25 000 V. Die Anlage arbeitete durchaus betriebssicher und erzielte einen Wirkungsgrad von 75%.

Wegen der Schwierigkeiten, im Innern der Städte geeignete Grundstücke zu finden, der dafür aufzuwendenden hohen Kosten und der schwierigen Heranschaffung der Brenn- und Betriebsmaterialien, errichtete man nun die Elektrizitätswerke in den Außenbezirken der Städte. Vielfach ging man nun auch dazu über, die Umgebung der Städte mit elektrischer Arbeit zu versorgen und gelangte durch die günstige wirtschaftliche Aus-

[1]) Im Jahre 1878 schrieb Werner von Siemens an seinen Bruder Karl: „Denke Dir, Karl, was uns gelungen ist! Wir machen jetzt die größten Kraftübertragungen mit Elektrizität, und zwar schon bis zu 6 Pferden.“

wirkung der Zusammenfassung von städtischem und ländlichem Bedarf zu den Überlandversorgungen.

Aber auch hierbei blieb die Entwicklung nicht stehen. Durch die Fortschritte der Hochspannungstechnik wurde man von der Lage der Zentralen unabhängig, konnte sie vielmehr an den Gewinnungsstätten der schwarzen, braunen und weißen Kohle errichten. Dadurch wurde es möglich, große Gebiete einheitlich mit Licht und Kraft zu versorgen. Es entstanden die heutigen Großkraftwerke.

I. Die Elektrizitätswirtschaft.

a) Stromerzeugung.

Der Reichtum an Steinkohle, den wir im Vergleich zu den anderen Energieträgern vor dem Kriege besaßen, ließ im Verein mit dem hohen Stand des Verkehrswesens die Verwendung der Steinkohle fast überall vorherrschen. Prüft man die Wirtschaftlichkeit, so findet man, daß der Bahn- etc. Transport der Kohle günstiger ist als die Übertragung der aus ihr erzeugten elektrischen Energie durch den Leitungsdraht, sobald die zu überwindende Entfernung 60—100 km übersteigt. Aus diesem Grunde unterblieb daher zunächst die Errichtung von Großkraftwerken im heutigen Sinne. Für die Übertragung genügte im allgemeinen die Spannung von ca. 15000 V. Höchstspannungsleitungen von 60—110 kV, die heute weite Teile Deutschlands überziehen, fehlten fast ganz. In diesen Leitungen wird heute fast ausnahmslos der Strom der Braunkohlen- und Wasserkraftwerke transportiert. Deren wirtschaftliche Voraussetzungen sind, wie später gezeigt wird, wesentlich andere. Über sehr große Entfernungen ist jedoch dieser Energieversand dem Bahntransport der Steinkohle wirtschaftlich nicht gewachsen. Daher bleiben die Randgebiete an der Nord- und Ostsee, Ostpreußen, Süddeutschland usw. auf die Steinkohle angewiesen, soweit nicht die in diesen Gebieten vorhandenen Wasserkräfte ausgenutzt werden können.

Ein Steinkohlengroßkraftwerk ist wirtschaftlich nur bei großer Verbrauchsdichte denkbar. Die Entwicklung nach oben ist begrenzt, da es bei einem sehr ausgedehnten Abnehmerkreis günstiger ist, mehrere Kraftwerke, über das Versorgungsgebiet verteilt, an Stelle eines Riesenkraftwerkes zu errichten. Dadurch erhöht sich auch die Betriebssicherheit ganz wesentlich.

Die Steinkohle besteht im wesentlichen aus Kohlenstoff und flüchtigen Bestandteilen. Die Zusammensetzung hängt ab vom geologischen Alter der Kohle. Je älter, desto höher ist der Kohlenstoffgehalt und desto geringer der Gehalt an flüchtigen Bestandteilen. Dementsprechend schwankt auch der Heizwert der Steinkohlen zwischen 5500 bis 8500 WE.

Die größten europäischen Kohlevorkommen finden sich in Deutschland, England und Polen. Die deutschen Vorräte betragen nach den Angaben der Preußischen Landesanstalt schätzungsweise 90 Milliarden Tonnen, die jährliche Fördermenge 140 Millionen Tonnen. Der Verbrauch für die

Erzeugung elektrischer Arbeit ist allerdings gering. Er macht nur ca. 3% der Fördermenge aus. Man kann annehmen, daß bei der derzeitigen Förderung die bekannten und vermuteten deutschen Vorräte den Bedarf noch für 600 bis 1000 Jahre decken.

Die kleinstückige und Staubkohle, die ca. 20—30% der Förderung ausmachte, war früher unverkäuflich, da eine Verbrennung auf dem Rost nicht möglich war. Nachdem es, bedingt durch die Kohlenwirtschaftslage der Nachkriegszeit, gelungen ist, brauchbare Kohlenstaub-Brenner zu schaffen, wird die Kleinkohle gemahlen und zusammen mit der Staubkohle als billiges Brennmaterial in großem Umfange zur Kesselheizung benutzt.

Die Energiewirtschaft Deutschlands wird nach wie vor von der Kohle beherrscht. Im Jahre 1927 wurden 72% der gesamten elektrischen Energie aus festen Brennstoffen gewonnen, und zwar 36% aus Steinkohle und 34,2% aus Braunkohle. Die erstere nimmt, begünstigt durch die erwähnten Transportbedingungen und die zunehmende Verwendung von Staubkohle, also noch immer die erste Stelle ein. Die Verwendung der Steinkohle zur Erzeugung elektrischer Arbeit erstreckt sich über das ganze Reich. Die wichtigsten Gebiete des Steinkohlenstromes sind die Steinkohlenreviere in Rheinland-Westfalen mit 40%, Schlesien mit 12% und Berlin mit 10% der gesamten aus Steinkohle gewonnenen elektrischen Energie.

Die Braunkohlevorkommen sind denen an Steinkohle gegenüber gering. In Deutschland betragen sie ca. 4,5% der Steinkohlenmenge. Die bekannten deutschen Vorräte dürften unter den gegenwärtigen Verhältnissen noch ca. 150 Jahre ausreichen. Der Heizwert der Braunkohle schwankt zwischen 1800—3000 WE. Auch höhere Werte kommen bisweilen vor. Die Gewinnung der Braunkohle geschieht meist im Tagebau. Deshalb stellt sie sich auch unter Berücksichtigung ihres geringen Heizwertes bedeutend billiger als die Steinkohle. Dadurch gewann sie für die deutsche Elektrizitätswirtschaft ihre besondere Bedeutung. Die wirtschaftliche Verwendung der Braunkohle im großen Stil ist jedoch nur möglich geworden durch die Errichtung der großen Kraftwerke unmittelbar an den Fundstellen der Kohle, und zwar gab der Krieg hierzu den Anstoß, wenn auch bereits vorher in Mitteldeutschland die Braunkohle in gewissem Umfang der Energieerzeugung diente.

Die Erfordernisse der Kriegsindustrie, hauptsächlich die Erzeugung von Aluminium und Stickstoff, die auf billigen Strom angewiesen sind, führte zur Errichtung von sehr großen Kraftwerken. Man nutzt zwar im allgemeinen vorwiegend Wasserkräfte für diesen Zweck aus, mußte aber wegen der langen Bauzeit solcher Werke während des Krieges zu Dampfkraftwerken Zuflucht nehmen. Als nach dem Kriege die Stickstoff- und

Aluminiumindustrie wegen des noch billigeren Stromes zu den Süddeutschen Wasserkraftwerken abwanderten, wurden die Braunkohlenkraftwerke für die öffentliche Stromversorgung frei. Damit entstand, nachdem es gelungen war, betriebssichere Höchstspannungsleitungen zu errichten, die heutige Großkraftversorgung. Diese ist gekennzeichnet durch die Verwendung besonders hoher Betriebsspannungen von 60—380 kV für die Übertragung der elektrischen Arbeit.

Abb. 3. Elektrizitätswerk Erlangen.

Die Übertragungsfähigkeit einer modernen Höchstspannungsleitung bei den verschiedenen Spannungen beträgt:

Spannung Volt	Übertragbare Leistung kW Einfachsystem	Doppelsystem	Entfernung km	Leistungsverlust %
60 000	19 000	38 000	100	10
110 000	40 500	81 000	200	10
220 000	110 000	220 000	400	10
380 000	550 000	1 100 000	600	10
380 000	500 000	1 000 000	1000	15

Diese Leitungsanlagen überbrücken in der neuesten Zeit immer größere Entfernungen und verbinden immer größere Gebiete miteinander.

Abb. 4. Elektrizitätswerk Rio de Janeiro.
(MWM Patent Benz.)

Abb. 5. Elektrizitätswerk Coburg.

Die Standortgebundenheit der Braunkohlenkraftwerke macht diesen Energieträger zur wichtigsten Kraftquelle der Großkraftwerke. Der Braunkohlenstrom wurde zu 62% in Mitteldeutschland und zu 26% im Rheinland gewonnen. Die Stromerzeugung der öffentlichen Werke aus Braunkohlen machte 40% der Gesamterzeugung aus.

Die Entwicklung der Hochspannungstechnik kam auch dem Bau der Wasserkraftwerke zugute, da es dadurch möglich wurde, große Leistungen auf große Entfernungen zu übertragen. Zur Zeit sind zwar die Meinungen bezüglich des Baues von Wasserkraftwerken geteilt, da diese wesentlich größere Kapitalien erfordern als Dampfkraftwerke. Trotz der wünschenswerten Sparsamkeit im Kohlenverbrauch ist es deshalb fraglich, ob die Anlage des Kapitals in teueren Wasserkraftanlagen für uns zur Zeit zweckmäßig und ratsam ist. Es ist jedoch zu beachten, daß Dampfkraftwerke verhältnismäßig schnell veralten und daher viel höhere Abschreibungssätze erfordern als Wasserkraftwerke, bei denen man unter Umständen die Abschreibung des Anlagekapitals auf die gesamte Lebensdauer von 60 bis 100 Jahre ausdehnen kann.

Die Turbinen werden, wenn man die bisherige Entwicklung berücksichtigt, kaum nennenswerten Änderungen unterworfen sein, eine denkbare Verbesserung des Wirkungsgrades um 1 oder 2% spielt keine Rolle. Zwar werden die Maschinen während der 60 bis 100 Jahre Lebensdauer ausgewechselt werden müssen. Die Kosten dafür machen jedoch höchstens 20% der Gesamtkosten aus. Der gesamte Kapitaldienst für ein Wasserkraft- oder Speicherkraftwerk ist mit ca. 8% anzusetzen, gegenüber 15% für das Dampfkraftwerk. Der Kapitaldienst ist also für die Kilowattstunde, aus Wasser erzeugt, nur etwa halb so hoch, als wie beim Dampf, sofern die Anlagekosten pro Leistungseinheit ungefähr gleich sind.

Im allgemeinen wird man jedoch die Abschreibung so vornehmen, daß nach 20 bis 30 Jahren die Kosten des Werkes vollkommen getilgt sind. Beim Dampfkraftwerk muß dann im allgemeinen ein vollkommen neues Werk errichtet werden, während für das Wasserkraftwerk für den Rest seiner Lebensdauer, der noch 40 bis 70 Jahre ausmacht, fast jeder Kapitaldienst aufhört, bzw. nur einen Bruchteil eines Pfennigs ausmacht. Die Werke können deshalb die Kilowattstunde zu ca. 0,5 Pfg liefern, wozu kein anderes Kraftwerk auch nur annähernd in der Lage ist. Der Betriebsstoff beim Wasserkraftwerk kostet nichts, während beim Speicherkraftwerk die Arbeit, wie Pumpen des Wassers usw., mit dem Wirkungsgrad von 0,5 bezahlt werden muß. Aus diesen Überlegungen ergibt sich, daß man trotz der verhältnismäßig hohen Aufwendungen für die Errichtung von Wasserkraft- und Speicherwerken, bei einer Planung auf lange Sicht, sehr wohl eine Begründung für den Bau von Wasserkraftwerken finden kann.

Die übrigen Energieträger, wie Öl, Torf, Holz, Erdgas, Windkraft, Ebbe und Flut haben bis jetzt für die deutschen Verhältnisse für die Energieerzeugung im großen keine nennenswerte Bedeutung erlangt, abgesehen vielleicht von der Ausnutzung der Hochofengase im Rheinisch-Westfälischen Industriegebiet, wodurch ca. 10% der deutschen Gesamterzeugung gedeckt wurden. Es wird deshalb darauf nicht weiter, eingegangen. Aus Wasserkraft wurden in den letzten Jahren ca. 15% der gesamten Erzeugung elektrischer Arbeit gewonnen, die öffentlichen Werke stellten 19%, die Eigenanlagen 11% ihrer Abgabe aus Wasserkraft her.

Die Voraussetzung für die Fortschritte im Dampfzentralenbau war neben der Verwendung des Drehstromes die Einführung der Dampfturbinen. Trotzdem der Dampfverbrauch derselben anfänglich nicht geringer als der der Kolbenmaschinen war, brachten sie doch wegen ihres geringen Preises und der Möglichkeit, bedeutend größere Leistungen auf kleinerer Grundfläche unterzubringen, beträchtliche Ersparnisse. Anfänglich wurden Maschineneinheiten von 3—5000 kW verwendet. In den Jahren unmittelbar vor dem Kriege, stieg die Leistung auf etwa 30 000 kW. 1921 wurde im Goldenbergwerk 50 000 kW erreicht. Die 1927 gebauten, zweiwelligen Maschinensätze des Klingenbergwerkes in Berlin besitzen eine Leistung von 80 000 kW.

Die zur Zeit größte Maschine mit 160 000 kW Leistung, allerdings auch in Zweiwellenanordnung, wurde für das Kraftwerk Hell-Gate in New York gebaut.

Gleichzeitig wurde auch eine beträchtliche Verbesserung der mechanischen und thermischen Wirkungsgrade erzielt. Man verbrauchte im Durchschnitt in den deutschen Werken je kWh:

im Jahre 1913:
1,25 kg Kohle a 7500 Kal. = 9400 Kal.
Thermischer Wirkungsgrad 9 bis 10%

im Jahre 1924/25[1]):
0,8 kg Kohle a 7500 Kal. = 6000 Kal.
Thermischer Wirkungsgrad 14,5%

im Jahre 1926/27[1]):
0,55 kg Kohle a 7500 Kal. = 4100 Kal.
Thermischer Wirkungsgrad 20%.

Man hofft in absehbarer Zeit bei Verwendung von Höchstdruckdampf von 200 Atm. Überdruck mit

0,45 bis 0,4 Kohle = 3300 bis 3000 Kal.

auszukommen, also einen thermischen Wirkungsgrad von 27—29% zu erzielen.

Damit würde sich die Wärmeausnutzung in den Dampfanlagen der in den Gasmotoren nähern. Weitere Steigerungen dürften vermutlich nicht mehr zu erwarten sein, so daß damit, wenigstens gefühlsmäßig, die obere Grenze der Dampfökonomie erreicht ist.

---

[1]) Unter Steigerung des Dampfdruckes.

Die mechanischen Wirkungsgrade haben sich, wie das bei der Steigerung der Maschinengrößen ja anzunehmen ist, verbessert, sie betragen bei den großen modernen Maschinen 95—98%.

Der Kapitaldienst für die Rationalisierungsmaßnahmen wiegt allerdings vielfach die Ersparnisse an Betriebsmittelkosten auf, so daß eine Ermäßigung der Gestehungskosten häufig nicht eintritt.

b) Der Absatz der elektrischen Arbeit.

Nach den Angaben der „Wirtschaft und Statistik" betrug die nutzbare Stromabgabe in den Großstädten:

Im Jahre 1910	728,1 Mill./kWh
Im Jahre 1915	1514,9 Mill./kWh
Im Jahre 1920	1913,4 Mill./kWh
Im Jahre 1924	2285,6 Mill./kWh
Im Jahre 1925	2471,5 Mill./kWh

Im Jahre 1925 entfielen auf 100 Häuser 63,6 Hausanschlüsse, auf 100 Einwohner 12,6 Abnehmer.

Die Einwohnerzahl stieg von 1900/24 von 9,2 Mill. auf 16,8 Mill. oder auf das $1^3/_4$fache; die gesamte Stromerzeugung in dem gleichen Zeitraum von $^3/_4$ Milliarden über $1^3/_4$ Milliarden/kW, der Anschlußwert von 175000 kW auf 3,2 Mill./kW, die Zahl der bei den Verbrauchern angeschlossenen Zähler von 57000 auf 1,6 Mill., das investierte Kapital von 180000000 RM auf 1,5 Milliarden RM.

In ähnlicher Weise, wenn auch nicht in diesem Umfange, hat sich auch der Stromverbrauch der übrigen Verbrauchsgebiete gesteigert. Insgesamt wurden in Deutschland in den öffentlichen Elektrizitätswerken und industriellen Eigenanlagen im Jahre 1925 20,3 Milliarden kWh
im Jahre 1926 21,2 Milliarden kWh
im Jahre 1927 25,1 Milliarden kWh erzeugt.

Im Jahre 1928 hat sich diese Zahl schätzungsweise auf 28—29 Milliarden kWh erhöht. Die Erzeugung der öffentlichen Werke in Deutschland pro Kopf betrug:

Im Jahre 1910	52,8 kWh
Im Jahre 1915.	103,3 kWh
Im Jahre 1920	121,1 kWh
Im Jahre 1924	157,3 kWh
Im Jahre 1928 schätzungsweise . . .	190 kWh

Der Leitungsverlust betrug im Jahre 1925 2,04 Milliarden/kWh = rund 10% der Gesamtmenge. Dieser Verlust ist außerordentlich niedrig, was sich durch das Einbeziehen der erwähnten Eigenanlagen erklärt, bei denen es sich meistens um sehr geringe Übertragungsentfernungen handelt. Die Verluste in der öffentlichen Elektrizitätsversorgung betragen im allgemeinen 20—25%.

Die Gesamtmenge der elektrischen Arbeit verteilt sich zu 53% auf die Eigenerzeugungsanlagen und zu 47% auf die öffentlichen Werke. Der Lichtkonsum beträgt ungefähr 10%[1]) der gesamten abgegebenen Arbeitsleistung. Diese Verhältnisse haben sich seitdem nicht nennenswert geändert. Die größten Abnehmer sind die industriellen gewerblichen Unternehmungen, die 80% der Gesamtleistung verbrauchen und davon 59% selbst erzeugen. Die Landwirtschaft verbraucht nur 3% der Gesamtmenge. Die elektrischen Bahnen verbrauchen 5%, selbstverständlich steigert sich diese Anteilziffer, auf die örtlichen Werke bezogen, in den Brennpunkten des Verkehrs.

Die Stromerzeugung im Jahre 1927 stieg gegenüber dem Vorjahre um insgesamt 19%. Bei den öffentlichen Werken betrug sie dagegen 21%, bei den Eigenanlagen 16%. Der Ausbau der Anlagen hat sich jedoch in den letzten Jahren verlangsamt, hauptsächlich wohl, weil man der Steigerung des Strombedarfs schon in den früheren Jahren im voraus Rechnung getragen hatte. Infolge der schnelleren Steigerung des Stromverbrauches erhöhte sich die Benutzungsdauer der Anlagen, d. h. die Inanspruchnahme der Zentralenleistung. Sie betrug im Jahre 1927 insgesamt 2453 Stunden, bei den öffentlichen Werken 2150 Stunden, bei den Eigenanlagen 2839 Stunden.

Aus den eigenartigen Absatzverhältnissen der elektrischen Arbeit ergibt sich auch die Preisgestaltung, die dem Laien oft wenig verständlich scheint, besonders wenn er von den Erfolgen der technischen und wirtschaftlichen Rationalisierung der Stromerzeugung hört. Ohne Kenntnis der Zusammenhänge ist es ja auch nicht zu verstehen, warum z. B. der Lichtstrom mit 40—50 Pfg/kWh berechnet wird, wenn die Erzeugungskosten nur 2—3 Pfg betragen. Erleichtert wird das Verständnis auch nicht, wenn der Laie sieht, daß die Werke recht gute Gewinne erzielen.

In Wirklichkeit haben jedoch die Erzeugungskosten nur geringen Einfluß auf die Strompreise. Diese werden vielmehr in der Hauptsache von 2 Faktoren maßgebend bestimmt. Das sind:

1. Die Benutzungsdauer, die bereits erwähnt wurde, auch Ausnutzungsfaktor genannt.
2. Die Übertragungskosten und Verluste.

---

[1]) In amerikanischen Werken macht der Lichtkonsum ca. 30% des Gesamtabsatzes aus.

Der elektrische Strom, in erster Linie der Drehstrom, ist nicht, oder nur auf verhältnismäßig kostspieligen Umwegen, speicherfähig. Für die durch den Anschlußwert bestimmte Größe der Zentrale ist aber nur in den Abendstunden der Wintermonate wirklich nutzbringende Verwendung vorhanden. Man rechnet für diese sog. Spitzenzeit ca. 300 Stunden im Jahr. In den übrigen 8460 Stunden des Jahres bleiben aber die vorhandenen Maschinen mehr oder weniger unbenutzt. Die Zentrale könnte ihre Aufgabe auch erfüllen, wenn die überschüssige Maschinenleistung nicht vorhanden wäre. Die sog. festen Kosten, also die Zinsen des Anlagekapitals, die Abschreibungen und Instandhaltungen müssen aber unabhängig von der Abnahme laufend aufgebracht werden. Rechnet man, daß für 1 kW Zentralenleistung 300,— RM Anlagekapital aufzuwenden sind, und für feste Kosten jährlich 15% eingesetzt werden müssen, so betragen die dafür notwendigen Ausgaben jährlich 45,— RM. Dies ergibt bei einer Benutzungsdauer von 300 Stunden/Jahr $\frac{4500}{300} = 15$ Pfg/kWh feste Kosten. Ist diese Benutzungsdauer noch geringer, so steigen diese Kosten. Sie betragen z. B. bei 100 Stunden 45 Pfg/kWh.

Nun ist aber auch die Belastung außerhalb der Abendstunden der Wintermonate keineswegs gleichmäßig, sie schwankt vielmehr je nach der Jahreszeit, Tageszeit, Eigenart und Beschäftigungsgrad der Abnehmer usw. in weiten Grenzen. Bei einem Ausnutzungsfaktor von 2100 Stunden betragen die festen Kosten unter den vorstehenden Annahmen demnach

$$\frac{4500}{2100} = 2{,}15 \text{ Pfg/kWh.}$$

Die Erzeugungskosten werden also immerhin ungefähr verdoppelt. Nun machen aber die gesamten Kosten für die Zentrale nur ca. 30% der Anlagekosten eines Elektrizitätswerkes aus. Die Anlagekosten für die Leitungsnetze und Umspannungsanlagen betragen häufig das 3—4fache der Zentralenkosten. Hinzu kommen weiter die Übertragungsverluste, die 20—30% ausmachen. Durch diese Umstände wird der Strom weiter, und zwar sehr erheblich verteuert, so daß z. B. die Brennstoffkosten nahezu ohne Einfluß sind. Würde man die Leistungsfähigkeit des Werkes auf alle 8760 Jahresstunden gleichmäßig verteilen können, so würden sich die festen Kosten auf eine viel größere Zahl von kWh verteilen, die einzelne also kaum nennenswert belasten, dadurch würde eine erhebliche Ermäßigung der Verkaufspreise für die elektrische Arbeit möglich. Dieser Idealzustand ist aber eine Utopie und wird es auch wohl bleiben, obwohl das Bestreben der Elektrizitätswerke dahin geht, in Zeiten schwächerer Belastung Absatz zu schaffen. Die sehr intensive Werbung hat einstweilen, trotz der sehr erheblichen Steigerung des Konsums, keine wesentlichen Erfolge in dieser Beziehung gebracht, da mit der steigenden Leistung gleichzeitig auch die Spitze gestiegen ist. Ob es gelingt, nach Besserung der wirtschaftlichen Lage der Bevölkerung im allgemeinen in größerem Umfange, etwa durch Einführen des elektrischen Kochens, hier Abhilfe zu schaffen, ist zur Zeit noch nicht zu übersehen. Entscheidend dürfte die Frage der Beschaffung der notwendigen Kapitalien für die Verstärkung der Werkseinrichtungen sein.

Neben den erwähnten, machen sich auch noch andere Momente bemerkbar, die den elektrischen Strom verteuern. So z. B. verrechnen städtische Werke Zuschläge auf die Strompreise, um Überschüsse für den Haushalt zu erzielen. Vielfach werden auch die Kosten für die Neubauten und die Modernisierung der Werke auf den Stromverbrauch umgelegt.

Um die Abnahme gleichmäßiger zu gestalten, werden vielfach die Tarife entsprechend gestaltet. So belastet z. B. der Doppeltarif den Verbrauch in der Spitzenzeit besonders hoch, während in den übrigen Zeiten Preisermäßigungen eintreten. Daneben gibt es die verschiedensten Tarifkombinationen, die alle mehr oder weniger eine Verbesserung der Abnahme zu erzielen suchen.

In neuester Zeit wird vielfach der Grundgebührentarif angewandt. Dieser verteilt die festen Kosten nach irgendeinem Schlüssel, z. B. Anschlußwert, Wohnungsgröße, Größe des wirtschaftlich ausgenutzten Grundstückes usw. ohne Rücksicht auf die Stromabnahme. Die Werke erhalten die Kosten des Kapitaldienstes mit Sicherheit, auch wenn Strom nicht verbraucht wird, durch diese Zahlung, die Grundgebühr. Daneben werden dann die tatsächlich verbrauchten kWh besonders berechnet. Da jedoch für diese Berechnung jetzt nur die Betriebsmittelkosten maßgebend sind, kann jetzt der Preis für die kWh wesentlich niedriger gehalten werden.

Die Stromverrechnung nach dem Grundgebührentarif bringt für Betriebe mit schlechter Ausnutzung des Motors, z. B. kleinere Bäckereien, Schlächtereien usw. eine erhebliche Verteuerung des Kraftverbrauches mit sich. Wird z. B. ein 5 PS-Motor pro Tag 1 Std. = 300 Std. pro Jahr, benutzt, und sind je kW im Jahr 120 RM Grundgebühr und 10 Pfg je kWh zu zahlen, so entstehen bei durchschnittlich $^3/_4$ Belastung des Motors und einem Wirkungsgrad von 0,85 folgende Kosten:

Gesamtleistung 4 kW = $^3/_4$ Belastung = 3 kW

Grundgebühr 3 · 120 = 360,— RM

$$900\ \text{kWh} \; . \; . \; 900 \frac{10}{0{,}85} = \underline{106{,}20\ \text{RM}}$$

900 kWh . . . . = 466,20 RM

1 kWh . . . . = 0,52 RM.

Mit zunehmender Betriebsdauer wird der Preis immer günstiger. Es zeigt sich aber, daß der Grundgebührentarif trotz des bestechend niedrigen Preises je kWh recht hohe Kosten verursachen kann.

Beim Zählertarif, d. h. bei der Stromverrechnung zu einem festen Preise pro kWh, würde der Abnehmer sich besser stehen, da er dann nur entsprechend dem Tarif, 15—25 Pfg/kWh zu zahlen hätte.

Alle Bemühungen der Elektrizitätswerke um den Belastungsausgleich bleiben jedoch zum größten Teile aussichtslos, solange es nicht gelingt, während der Nacht ausreichende Belastung zu schaffen. Aus natürlichen Gründen muß man hierbei Kunstgriffe benutzen, da die wenigsten Betriebe durchgehenden 24-Stunden-Betrieb haben, die dann meistens mit Vorteil zur Eigenerzeugung übergehen. Solche künstlichen Behelfe sind in erster Linie die Speicheröfen, Warmwasserspeicher, Kartoffeldämpfer usw. Ob es gelingt, das gesteckte Ziel auf diesem Wege zu erreichen, muß die Erfahrung lehren. Solange solche Apparate verhältnismäßig teuer sind, erscheint der Erfolg fraglich. Für die Kraftstrompreise dürften in absehbarer Zeit Ermäßigungen dadurch kaum eintreten.

Die Überland- und Fernstromversorgung leidet unter der mangelhaften Betriebssicherheit. Die Verwaltungen der Werke sind zwar dauernd um die Einschränkung und Vermeidung der Störungen bemüht, es ist jedoch bisher nicht gelungen, diese häufig sehr unangenehmen Unterbrechungen der Stromlieferung zu vermeiden. Solange Freileitungen, die allen Witterungseinflüssen ausgesetzt sind, verwandt werden, wird das wohl auch kaum restlos gelingen.

Eine andere Art von Störungen entsteht durch unsachgemäß instandgehaltene Anlagen bei den Verbrauchern. Es kann durch Überlastungen der Motoren, Unvorsichtigkeiten usw. zu Stromunterbrechungen durch Ansprechen der Schutzapparate, der Sicherungen kommen. Leider sucht man dieses des öfteren dadurch zu vermeiden, daß man die Sicherungen durch Nägel, Staniol oder Drähte überbrückt. Passiert dann etwas an der Anlage oder dem Motor, so sind empfindliche Schädigungen die Folge. Auch die Brände durch „Kurzschluß“ haben hier meist ihren Ursprung, wenn auch häufig die Angabe „Brandursache wahrscheinlich Kurzschluß“ unrichtig ist.

Dagegen sind die Unfälle durch unvorsichtiges oder fahrlässiges Umgehen mit elektrischen Anlagen auf die Gefährlichkeit des Wechselstromes zurückzuführen. Diese Stromart hat schon bei verhältnismäßig niedrigen Spannungen, die teilweise beträchtlich unter den Gebrauchsspannungen lagen, Todesfälle hervorgerufen. Gleichstrom ist weit gefahrloser, da dessen Wirkungen auf den menschlichen Körper geringer sind. Todesfälle durch Gleichstrom sind außerordentlich selten.

Die Ausführungen über die Elektrizitätsversorgung würden unvollständig sein, wenn nicht noch eine Frage erwähnt würde bezüglich der augenblicklich in den Tages- und Fachzeitschriften ein lebhafter Streit entbrannt ist. Es handelt sich hier um die Frage der Stromlieferung an solche Abnehmer, die sich zur Deckung ihres Bedarfes an Licht und Kraft nicht ausschließlich ihres Elektrizitätswerkes bedienen, also um solche Abnehmer, die neben dem Strombezug noch eine selbständige Kraftmaschine benutzen.

Den Elektrizitätswerken sind natürlich die selbständigen Kraftmaschinen als Konkurrenz unerwünscht. Die Werke bekämpfen auch deshalb die Motoren mit allen Mitteln. Die Handhabe dazu bietet die rechtliche Stellung der Werke in der gesamten Wirtschaft. Durchweg besitzen die Elektrizitätswerke allein das Recht, die Straßen, Plätze und Wege in ihrem Versorgungsgebiet für die Führung ihrer Leitungen zu benutzen. Durch diese Bestimmung sind die Werke vor jeder ernsthaft in Frage kommenden Konkurrenz geschützt. Im Zusammenhange mit der Lebenswichtigkeit der Elektrizitätsversorgung besitzen diese Werke daher heute eine ausgesprochene Monopolstellung. Um daher die selbständigen Kraftmaschinen zu bekämpfen, suchen sie bei der Stromlieferung allen Motorenbesitzern Schwierigkeiten zu machen.

Zur Beurteilung der Verhältnisse ist es notwendig, folgendes auseinander zu halten. Ein Dieselmotorbesitzer, der nur Strom für die Beleuchtung seines Betriebes oder seiner Wohnung zu beziehen wünscht, ist für das Werk ein Abnehmer von genau demselben Wert wie jeder andere Lichtabnehmer. Die Lichtstromlieferung kann daher, wie auch von Dr. Rumpf in der Zeitschrift der Vereinigung der Elektrizitätswerke „Die Elektrizitätswirtschaft" sehr richtig angeführt wird, nicht verweigert werden. Dasselbe gilt auch für die Lieferung des Kraftstromes, der ständig und regelmäßig vom Elektrizitätswerk bezogen werden soll, wenn z. B. ein Betrieb, der bisher durch Strombezug mit Kraft versehen wurde, einen Erweiterungsbau ausführt, und für diesen z. B. einen Dieselmotor aufstellt, während für den älteren Teil des Betriebes nach wie vor Strom bezogen werden soll.

Streitig ist eigentlich nur die Lieferung des sog. Reservestromes, also des Stromes, der dazu dient, im Falle einer Störung an der selbständigen Kraftmaschine, die Kraftversorgung des Betriebes aufrechtzuerhalten. Dieser Strombezug erfolgt im allgemeinen nur, wenn der sonst benutzte Motor betriebsunfähig ist. Es muß zugegeben werden, daß eine derartige Stromabnahme verhältnismäßig selten stattfindet und dem Elektrizitätswerk kaum ein nennenswertes Äquivalent für seine Aufwendungen bietet. Diese Aufwendungen bestehen einmal in der Bereithaltung der entsprechenden Zentralenleistung und zum anderen in der Aufwendung der Betriebsmittelkosten für den tatsächlich abgenommenen Strom. Wird dieser nach dem Zählertarif berechnet, so wird, wenn keine Abnahme stattfindet, wie das häufig vorkommt, das Elektrizitätswerk keine Entschädigung für die Bereithaltung bekommen. Der Kapitaldienst für die bereitgehaltenen Anlagen müssen also von den übrigen Abnehmern mitgetragen werden. Nun wird es allerdings in den allermeisten Fällen kaum möglich sein, zu behaupten, daß ein bestimmter Maschinenteil nur für einen bestimmten Abnehmer bereitgehalten wird. Immerhin kann es notwendig werden, auch zur Sicherstellung der Lieferfähigkeit von Reservestrom Aufwendungen machen zu müssen, so daß man den Werken ein Entgelt für diese Aufwendungen bewilligen muß.

Da diese jedoch mit Rücksicht auf die verhältnismäßige Seltenheit der Störungen auf eine große Anzahl von Reservestromabnehmern verteilt werden können, können auch diese Bereithaltungsgebühren verhältnismäßig niedrig gehalten werden. Es ist berechtigt, daneben den tatsächlich abgenommenen Strom zu angemessenen Preisen gesondert zu berechnen.

Eine Verweigerung der Reservestromlieferung durch das Elektrizitätswerk verstößt aber wegen der Monopolstellung der Werke gegen die guten Sitten. Es läßt sich sehr leicht für die Reservestromlieferung eine angemessene, und für alle Teile tragbare Regelung finden, andererseits haben die Werke durch ihre Vorzugsstellung gegenüber der Öffentlichkeit auch die Pflicht, die Interessen der Öffentlichkeit ihren eigenen fiskalischen Gewinninteressen voranzustellen. Genaue Ausführungen darüber finden sich in der Schrift von Herrn Zivil-Ingenieur Ludwig Hausfelder, Berlin, und in der Schrift von Herrn Dr. Hans Karl Nipperdey, Professor der Rechte an der Universität Köln, „Stromsperre, Zulassungszwang und Monopolmißbrauch“.

Dr. Nipperdey untersucht die rechtliche Lage sehr gründlich, und kommt zu folgenden Ergebnissen:

I. Wird ein Elektrizitätswerk von einer Körperschaft des öffentlichen Rechts mit öffentlich rechtlicher Nutzungsordnung betrieben, so haben alle Mitglieder der Körperschaft ein subjektiv öffentliches Mitbenutzungsrecht, das im Verwaltungsrechtsweg durchsetzbar und nach dem Prinzip der Gleichheit vor dem Gesetz zu handhaben ist.

   Wird der Betrieb einer eigenen Kraftanlage zum Anlaß der Verweigerung des Lichtstromes oder eines Reservekraftanschlusses genommen, so liegt darin im Regelfall unzulässige Willkür.

II. Wird das Elektrizitätswerk von einer Körperschaft des öffentlichen Rechts mit privatrechtlicher Nutzanordnung, aber mit öffentlicher Zweckbestimmung betrieben, so ist

1. ein Recht auf Mitbenutzung in dem Sinne zu bejahen, daß der Abschluß eines Lieferungsvertrages im Verwaltungsrechtsweg verlangt werden kann,
2. der Kontrahierungszwang aus § 826 BGB bei Stromsperre begründet.

III. Betreibt die Körperschaft des öffentlichen Rechts das Elektrizitätswerk als öffentliches Unternehmen in der Form einer juristischen Person des Privatrechts, oder ist sie an einer solchen juristischen Person des Privatrechts entscheidend beteiligt, so kann

1. die Dienstaufsichtsbeschwerde gegen die Gemeinde dahin gerichtet werden, daß diese ihren Einfluß im Rahmen der körperschaftlichen Willensbildung in einer dem Wohl aller Gemeindemitglieder entsprechenden Weise in der Richtung der Beseitigung der Sperre zur Geltung bringt,
2. so ist der Kontrahierungszwang aus § 826 bei Stromsperre begründet.

IV. Besteht ein privatrechtliches Vertragsverhältnis auf Elektrizitätslieferung zwischen dem Werk und dem Abnehmer, so bedeutet es eine Vertragsverletzung, wenn das Werk die Belieferung sperrt, sofern nicht auch Kraftstrom abgenommen wird.

V. Alle Elektrizitätswerke mit privatrechtlicher Nutzungsordnung unterliegen dem Kontrahierungszwang aus § 826, und zwar zu angemessenen, gleichmäßigen Bedingungen.

VI. Besteht ein Vertragsverhältnis zwischen einem Elektrizitätswerk und einer Körperschaft des öffentlichen Rechts, kraft dessen das Werk den Strom allen Gliedern der Körperschaft zur Verfügung zu stellen hat, so haben diese auch aus § 826 ein eigenes Recht auf Anschluß und Belieferung, soweit die Lieferung dem Lieferanten zuzumuten ist.

VII. Macht ein gewerbliches Elektrizitätswerk oder eine Körperschaft des öffentlichen Rechts die Lichtstrombelieferung oder den Reserveanschluß von der Abnahme von Kraftstrom abhängig, so verstößt sie den Lieferanten anderweitiger Kraftquellen gegenüber gegen den § 1 des Unlauteren Wettbewerbgesetzes.

II. Ferngas-Versorgung.

Mit der Entwicklung der Eisenindustrie im 20. Jahrhundert hat auch las Kokereiwesen eine lebhafte Entwicklung erfahren. Die Zusammenarbeit von wissenschaftlicher Forschung und praktischem Betrieb hat die

Abb. 6. Koksofenbatterie (Maschinenseite).

Kokserzeugung zu einem wirtschaftlichen Faktor gemacht, der heute auch unsere Volkswirtschaft in erheblichem Maße beeinflußt. Ganz besondere Bedeutung hat diese Frage gewonnen durch die Veränderung der deutschen Kohleverhältnisse infolge des Versailler Friedensvertrages. Im Zusammenhang damit hat sich als eine Folge der Fortschritte der Kokserzeugung die Frage der Ferngasversorgung herausgebildet, die in jüngster Zeit lebhaft umstritten ist. Mit Rücksicht auf die Bedeutung dieser Frage für die deutsche Energiewirtschaft soll näher darauf eingegangen werden.

Zunächst ein ganz kurzer geschichtlicher Überblick über die Entwicklung. Die ursprüngliche Aufgabe der Kokereien war, aus der geförderten Kohle Koks für Hüttenzwecke, also in erster Linie für die Hochöfen und Eisengießereien herzustellen. Die Umwandelung der Kohle in Koks geschah durch die sog. Trockendestillation der Kohle. Man erhitzte sie in geschlossenen Behältern, den Retorten, Kammern usw., dadurch

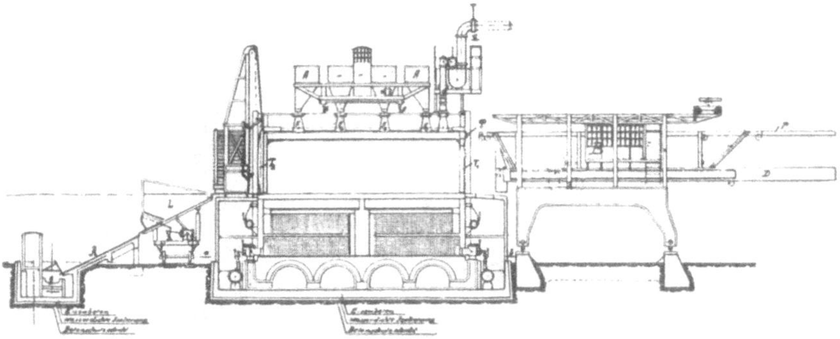

Abb. 7. Schnitt durch einen Koksofen.
A. Lademaschine. B. Ausdrückmaschine. L. Koksentladerampe. R. Koksrampe.

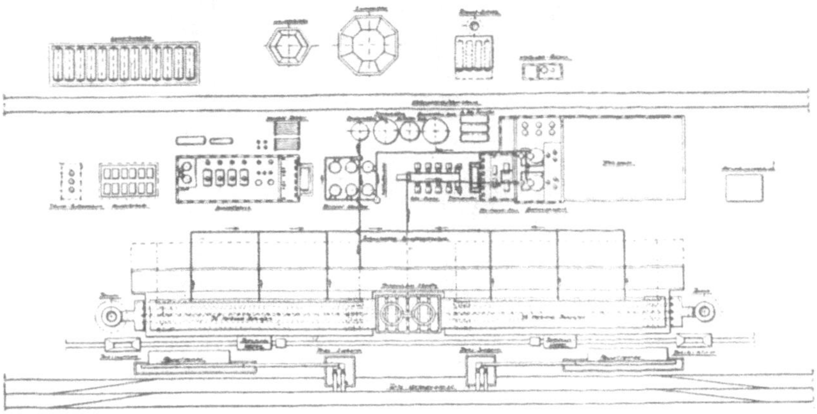

Abb. 8. Lageplan einer Kokerei mit Anlage zur Gewinnung von Nebenprodukten.

wurden die flüchtigen Bestandteile der Kohle in Gasform ausgetrieben, während der feste Kohlenstoff in glühendem Zustande in der Retorte oder Kammer zurückblieb, woraus er nach vollständiger Entgasung entfernt wurde. Nach Abkühlung, die meist durch Wasser geschah, war der Koks für seinen Verwendungszweck fertig. Die aus der Kohle ausgetriebenen flüchtigen Bestandteile sind brennbar und wurden meist zur Beheizung der Koksöfen benutzt. Zum Teil beheizte man mit diesem Gas auch andere Teile der Hüttenwerke.

Die fortschreitende Wissenschaft erkannte jedoch sehr bald den Wert dieser Nebenerzeugnisse und so setzten um die Mitte des vorigen Jahrhunderts Bestrebungen ein, die freiwerdenden Destillate wirtschaftlich auszunutzen. Es handelt sich hier hauptsächlich um Teer, Ammoniak, Benzol und das sog. Kokereigas, ein dem Leuchtgas ähnliches Gemisch in der Hauptsache von verschiedenen Kohlenwasserstoffen usw. Über die Bedeutung

Abb. 9. Generatorgasanlage zur Verarbeitung von Anthrazit und Koks bis 300 PS.

der drei ersten Stoffe für unsere Volkswirtschaft ist heute kaum noch etwas zu sagen notwendig.

Mit der Einführung des von Koksinspektor Hoffmann, Waldenburg, erfundenen Koksofens setzte auch für das Kokereigas der Aufstieg ein. Der von Hoffmann erfundene, von der Firma Dr. Otto gebaute Ofen ist unter dem Namen Otto-Hoffmann-Ofen bekannt geworden. Er bildet den Ausgangspunkt für den neuzeitlichen Koksofenbau. (Abb. 6, 7, 8.)

Die wesentlichste Neuerung stellt die Ausnutzung der Wärme der Abgase zur Erwärmung der Verbrennungsluft dar. Man nennt derartige Öfen „Regenerativ-Öfen". Die Regenerativkammern sind im Fuße des Ofens untergebracht. Sie sind mit Wärmespeichern ausgestattet, die die Wärme

Abb. 10. Drehrost-Generatoranlage für größere Leistungen zur Vergasung von Koks und Anthrazit. Bauart Motorenfabrik Deutz.

der Abgase aufnehmen und an die Verbrennungsfrischluft abgeben. Durch dieses Verfahren wird ungefähr die Hälfte des bisher zur Heizung der Koksöfen erforderlichen Kokereigases erspart.

Die Entwicklung in der Leuchtgaserzeugung ging ähnliche Wege. Vom Muffelofen zum Ofen mit wagerechten, dann mit schrägen, dann mit senkrechten Retorten gelangte man schließlich zum Wagerecht-, Schräg- und

Vertikalkammerofen. Da aber ein Gaswerk nicht 50% seiner Gaserzeugung zur Beheizung seiner Öfen verwenden kann, benutzte man in der Gaserzeugung das sog. Generatorgas, welches man aus Kohlen- und Koksabfällen usw. selbst herstellt. Daneben diente allerdings hin und wieder auch das eigentliche Leuchtgas vorübergehend als Heizmittel. Man errichtete sog. Verbundöfen zur Heizung mit Stark- und Schwachgas.

Die Herstellung des Generatorgases erfolgt meistens in schachtartigen Öfen (Abb. 9, 10, 11a u. b), man unterwirft hier den Koks oder die Kohle einer Art Halbverbrennung und setzt mit der Verbrennungsluft gleichzeitig Wasserdampf zu. Es erfolgt also eine Verbindung des Sauerstoffs der Luft mit dem Kohlenstoff zu Kohlendioxyd (Kohlensäure). Die hierbei freiwerdende Wärme erhitzt den über der Verbrennungszone liegenden Koks. Dieser glühende Koks wirkt reduzierend auf das Kohlendioxyd, es wird dadurch in Kohlenoxyd verwandelt, während das freiwerdende Sauerstoffatom sich mit anderem Kohlenstoff ebenfalls zu Kohlenoxyd verbindet. Das Sauerstoffatom des Wasserdampfes gibt mit dem Kohlenstoff des Kokses ebenfalls Kohlenoxyd. Es entsteht also ein Gemisch von Kohlenoxyd mit dem Rest der Außenluft, dem Stickstoff und dem Rest des Wassers, dem Wasserstoff. Dazu treten dann noch die Rückstände der im Koks verbliebenen, von der Kohle stammenden Kohlenwasserstoffe, bei der Verwendung von Kohle deren flüchtige Bestandteile. Das Generatorgas besitzt einen Heizwert von ungefähr 1200—1400 WE/m³.

Die Kokereien wurden mehr und mehr im Zusammenhange mit Hüttenwerken errichtet, und auch hieraus gewann das Kokereiwesen neue Anregungen. Wegen der steigenden Anforderungen der Hüttenwerke an Starkgas ging man schließlich auch bei den Kokereiöfen zur Beheizung mit Schwachgas-Generatorengas und Gichtgas über. Im Laufe der weiteren Entwicklung gelang es dann trotz der immer größer werdenden Kammern, eine gute und gleichmäßige Beheizung der zu vergasenden Kohle zu erzielen. Welche Schwierigkeiten sich einer einwandfreien Lösung dieser Aufgabe entgegenstellen, wird ersichtlich, wenn man bedenkt, daß heute Kammeröfen von mehr als 4 m Höhe und 13 m Länge gebaut werden, so daß Wände von mehr als 50 m² Fläche vollkommen gleichmäßig zu beheizen sind. Es kann hier auf nähere Einzelheiten der Öfen nicht eingegangen werden.

Ganz allgemein soll nur darauf hingewiesen werden, daß eine Koksofenbatterie aus ca. 70 Kammern von ungefähr 4—5 m Höhe, 0,4 m Breite und 12—13 m Länge besteht, Nutzraum je Kammer ungefähr 19—22 m³. Diese Kammern werden mit Rohkohle gefüllt. Die Bedienung der Öfen erfolgt wegen ihrer Größe natürlich maschinell, d. h. das Einbringen der

Kohle mit einem Füllwagen und das Ausbringen der Kohle mit einer Ausdrückmaschine und einem Löschwagen. Ein solcher Ofen kann pro Jahr ca. 1,25 Milliarden t Kohle verarbeiten, dabei werden ungefähr 500 Millionen t Koks erzeugt, und außer den anderen Nebenprodukten ca. 300 Millionen m^3 Koksofengas mit einem Heizwert von 4600—4800 Wärmeeinheiten pro m^3 gewonnen. Wenn alle Kokereiöfen mit Generatorgasheizung versehen worden sind, so werden etwa 12 Milliarden m^3 Koksofengas im Jahre verfügbar sein. Zu diesen Mengen kommt dann noch die Gasmenge aus der Braunkohlenverschwelung und aus der Kohlehydrierung hinzu. Auch diese liefert enorme Mengen von Gasol, einem hochwertigen Reichgas, jedoch lassen sich darüber zur Zeit genauere ziffernmäßige Angaben nicht machen. Immerhin werden aber aller Voraussicht nach in einigen Jahren mindestens 16—20 Milliarden m^3 Reichgas pro Jahr zur Verfügung stehen, die in die deutsche Energiewirtschaft einzugliedern sind.

Was bedeutet nun dieses Gasquantum? Die Erzeugung der in Deutschland vorhandenen Gasanstalten beträgt zur Zeit zusammen etwa 4 Milliarden m^3 pro Jahr. Es stehen also demnach noch 12—16 Milliarden für andere Zwecke zur Verfügung. Eine Steigerung des Gasverbrauches für die bisherigen Zwecke in diesem Umfang ist kaum denkbar. Es käme deshalb wohl nur eine Umwandlung in Elektrizität in Frage. Man kann rechnen, daß pro kWh ungefähr 0,5 m^3 Gas erforderlich werden. Diese 12—16 Milliarden m^3 würden also demnach 24—32 Milliarden kWh ergeben. Wir haben bereits gesehen, daß im Jahre 1928 die gesamte deutsche Elektrizitätserzeugung ungefähr 29 Milliarden kWh betragen hat. Die verfügbare Gasmenge würde also ausreichend sein, um daraus auch die gesamte in Deutschland verbrauchte elektrische Arbeit herzustellen. Es erhellt daraus die Bedeutung dieses bisher als ziemlich wertlos angesehenen Nebenproduktes der Koksherstellung. Man sieht daraus aber auch weiter, daß trotz der Gegnerschaft, die sich aus den verschiedensten Gründen zum Teil in sehr heftiger Weise gegen die auf dem Kokereigas aufgebaute Ferngasversorgung wendet, eine wirtschaftliche Ausnutzung dieses Gases aus volkswirtschaftlichen Gründen erfolgen muß, da wir uns einfach nicht leisten können, die im Kokereigas zur Verfügung stehenden Mengen für untergeordnete Zwecke zu vergeuden und die benötigte Energie mit erheblich höherem Aufwand noch einmal zu erzeugen.

Eine wirtschaftliche Ausnutzung des Koksofengases zur Energieerzeugung ist jedoch nur denkbar, wenn sie durch Gasmotoren erfolgt. Eine Benutzung zur Kesselheizung würde unwirtschaftlich sein, da man einen Gaspreis von mindestens 0,02 RM je m^3 zugrunde legen muß, und daher in vielen Fällen nicht mit der Kohle konkurrieren kann. Legt man die in den großen Gaszentralen des Ruhrgebietes gemachten Erfahrungen zugrunde, so würde sich die Anlage einer großen Gasmotorzentrale auf ca. 180—200 RM/kWh stellen. Die Kosten bleiben also noch unter den Kosten für ein Dampfkraftwerk gleicher Größe. Rechnet man für ein solches mit einem Kohleverbrauch von 0,5 kg und einem Preis je 20,— RM pro Tonne, so ergibt sich ein Kohlepreis je kWh von 0,01 RM. Das Gas

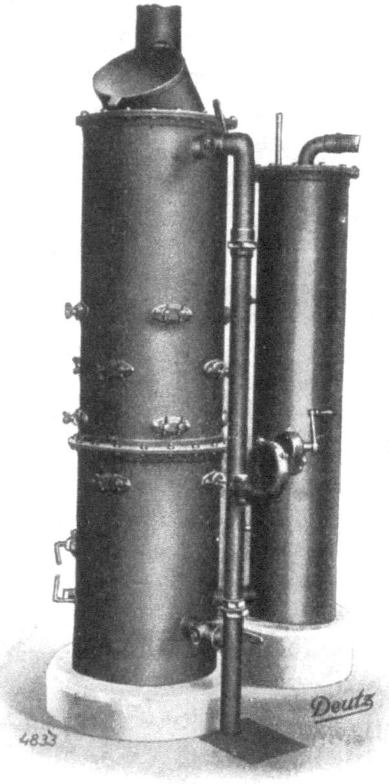

Abb. 11a. Generator mit umgekehrter Verbrennung
zur Vergasung von Holzabfällen u. dgl. Bauart Motorenfabrik Deutz A. G.

dürfte also frei Verwendungsstelle höchstens 0,02 RM/m^3 kosten. Eine Preisermäßigung würde also dabei nicht eintreten. Es kann hier nicht untersucht werden, ob es möglich ist, das Ferngas zu diesen Preisen z. B. in Mitteldeutschland abzugeben. Bei dem bekannten Ferngasvertrag der Stadt Hannover waren die vereinbarten Preise höher. Jedenfalls kann sich der Preis, den man für das Gas bewilligen kann, nur aus dem für andere Brennmaterialien notwendigen Aufwand ergeben. Wenn er noch etwas darunter bleibt, ist es um so besser.

Für die Ausnutzung des Koksofengases zur Elektrizitätserzeugung großen Stils muß der Maschinenbau allerdings noch eine sehr wesentliche Voraussetzung schaffen. Die größten bisher gebauten Maschinenleistungen betrugen ca. 11000 PS. Nun ist es nicht denkbar, eine Zentrale z. B. von den Ausmaßen des Klingenbergwerkes in Berlin, mit solchen Maschinen zu erbauen. Die Baukosten würden mit Rücksicht auf die große Zahl der notwendig werdenden Maschinensätze außerordentlich hoch. Außerdem

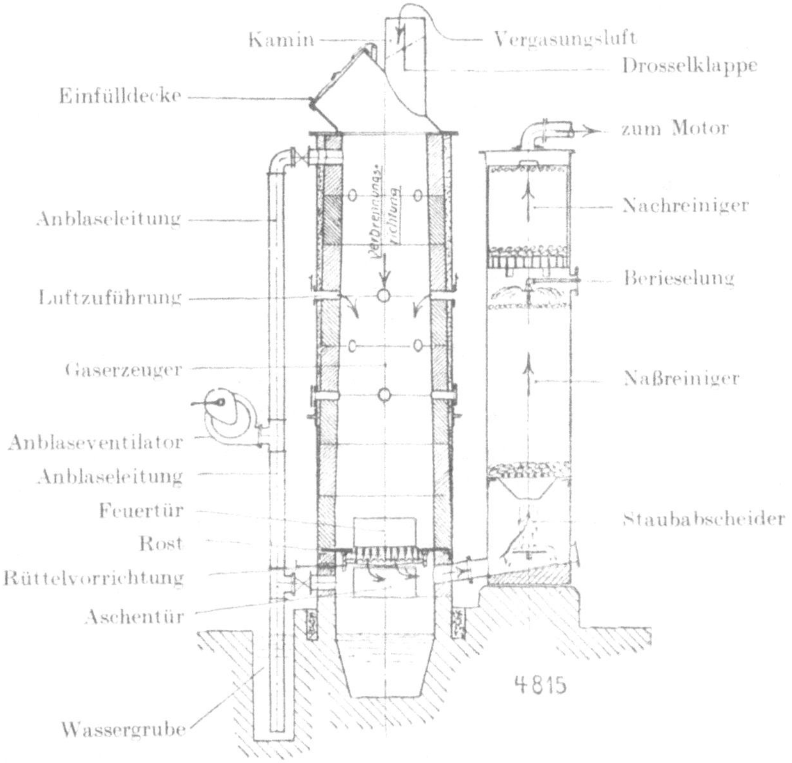

Abb. 11b. Generator mit umgekehrter Verbrennung, im Schnitt.

dürfte die Betriebführung, d. h. die rechtzeitige Anpassung der Zentralenleistung an den Bedarf sehr erschwert werden. Es ist deshalb notwendig, daß Gasmaschinen in wesentlich größeren Einheiten gebaut werden. Es dürfte dieses wohl kaum große Schwierigkeiten bereiten, denn bisher ist es der Technik noch immer gelungen, sich dem Bedarf anzupassen. Es sei nur daran erinnert, daß vor 10 Jahren der Professor Klingenberg eine Maschine von 10000 kW Leistungsfähigkeit als Standardtype für das Kraftwerk bezeichnete, und riet, nicht über diese Leistung hinauszugehen, während heute die zur Zeit größte Maschine bereits 160000 kW leistet.

Immerhin stehen diese großen Gasmaschinen im Augenblick noch nicht zur Verfügung, während andererseits die Ferngasversorgung sich erst im Anfangsstadium befindet. Will man daher mit den vorhandenen Mitteln auskommen, so ergibt sich, daß die Versorgung mit Ferngas für kleinere städtische Elektrizitätswerke und ähnliche Betriebe eine sehr gute Lösung ergeben würde, da man hier mit vorhandenen und bereits in ihrer Betriebssicherheit ausgeprüften Maschinengrößen arbeiten kann, und gerade diese kleineren Elektrizitätswerke sich besonders gut für die Umstellung auf Gas eignen.

Allerdings ist es nötig, daß diesen Werken der Gasbezug zu 0,02 bis 0,03 RM pro m³ ermöglicht wird. Die Erzeugungskosten dieser Werke würden sich damit auf ungefähr 0,015—0,025 RM/kWh stellen.

Wenn sich auch heute noch nicht die Entwicklung der Ferngasversorgung bis in alle Einzelheiten voraussagen läßt, so ist doch der Weg erkennbar. Vergegenwärtigt man sich den Zweck, nämlich die volkswirtschaftlich nützliche Verwertung eines wertvollen Produktes, so wird man leicht einsehen, daß die in neuester Zeit vielfach errichteten örtlichen Ferngas- und Gruppenversorgungen nur eine Existenzberechtigung in größerem Umfange haben können, wenn die Lieferung von Kokereigas nicht möglich ist. Diese Gruppengaswerke müssen, wie bisher die Gasanstalten überhaupt, für ihre Zwecke neue Kohlen vergasen, während das Gas in der Kokerei als Nebenprodukt abfällt. Die lokalen Ferngasversorgungen sind aber zweckmäßig, um der eigentlichen Fernversorgung mit Kokereigas die Wege zu bereiten. Ob es im übrigen notwendig und wirtschaftlich ist, nach der bisher bis ins kleinste ausgebauten elektrischen Versorgung auch noch eine ähnliche weitverzweigte Gasversorgung zu errichten, und ob für beide Energieträger ein ausreichender Absatz vorhanden sein wird, erscheint einstweilen fraglich.

Es ist wahrscheinlich, daß die Ferngasversorgung bzw. die Kohleveredelung die Elektrizitätswirtschaft beeinflussen, vielleicht sogar umgestalten wird.

III. Die Kraftmaschinen.

Will man einen Betrieb durch Aufstellung von Kraftmaschinen verbessern, so muß man natürlich zuvor feststellen, welche Kosten der Maschinenbetrieb überhaupt verursacht, durch welche Umstände die Höhe der Kosten beeinflußt wird, und welches die Voraussetzungen sind, um mit einem möglichst geringen Aufwand möglichst große Leistungen hervorzubringen.

Abb. 12. Kleinmotor. Bauart Motorenfabrik Deutz A. G.

Die Forderung eines möglichst hohen Wertes des Wirtschaftlichkeitsgrades bedingt einen möglichst geringen Energieaufwand für die Kraftmaschinen, bei möglichst hoher Leistung derselben, mit anderen Worten, einen möglichst hohen Wirkungsgrad.

Nun sind allerdings die Betriebsmittelkosten allein nicht ausschlaggebend. Neben ihnen übt vielmehr das Anlagekapital, also die für die Anschaffung der Maschine anzuwendenen Kosten ebenfalls ihren Einfluß auf die Betriebskosten aus. Je höher die Anschaffungskosten sind, desto höher natürlich auch ihre Verzinsung, Abschreibung usw., desto höher also auch die entsprechenden festen Kosten.

In diesem Zusammenhange gewinnt nun die Ausnutzung der Maschine eine erhebliche Bedeutung. Eine schlecht ausgenutzte Maschine wird naturgemäß immer mit höheren Betriebskosten arbeiten müssen, als eine solche mit guter Ausnutzung ihrer Leistungsfähigkeit. Es ergeben sich hier ähnliche Zusammenhänge wie bei der Ausnutzung der Anlagen eines Elektrizitätswerkes. Kann die Maschine dauernd mit Vollast betrieben werden, und erstreckt sich die Arbeitszeit womöglich über 24 Stunden pro Tag, so gestaltet sich die Maschinenanlage natürlich wesentlich rentabler, als wenn sie einige wenige Stunden pro Tag, womöglich nur mit der Teillast betrieben wird. Die festen Kosten für Verzinsung usw. des Anlagekapitals bleiben in beiden Fällen dieselben, so daß bei der geringen Ausnutzung die Verteilung auf eine kleine Zahl von Leistungseinheiten erfolgt, die spezifischen Kosten also hoch ausfallen, während sie bei gut ausgenutzten Maschinen durch die Verteilung auf eine große Anzahl von Arbeits-Einheiten niedrig werden.

Es ist nun im praktischen Betrieb nicht oder nur schwer möglich, den Arbeitsaufwand einer Anzahl von Arbeitsmaschinen von vornherein genau zu bestimmen. Vielmehr werden durch die wechselnde Art der anzufertigenden Arbeit, die Arbeitsintensität usw. verschieden starke Inanspruchnahmen der Arbeitsmaschinen stattfinden, wodurch auch ihr Kraftbedarf Schwankungen unterworfen ist. Man ist deshalb gezwungen, bei der Auswahl der Kraftmaschinen diesen Umstand zu berücksichtigen. Man wählt sie meist etwas größer, als die Ermittlungen des Arbeitsaufwandes ergeben. Erfahrungsgemäß handelt man richtig, wenn die Kraftmaschine bei normaler Inanspruchnahme der Arbeitsmaschine mit etwa 75% ihrer Nennleistung ausgenutzt wird.

Außer den Schwankungen nach oben kommen natürlich auch solche nach unten vor, d. h. es werden sich aus den verschiedensten Gründen Betriebsfälle ergeben, in denen man nur mit einem Teile der Arbeitsmaschinen arbeitet, die auch wohl nicht immer mit voller Leistung beansprucht werden. Wichtig ist nun, daß in diesen Fällen der spezifische Betriebsmittelverbrauch auch bei Teil- und Überlastungen nur geringfügig von dem bei normaler Beanspruchung abweicht, die Verbrauchskurve also in den Grenzen vielleicht von $^1/_2$—$^5/_4$ Last möglichst flach verläuft. Wichtig ist auch eine gewisse Elastizität der Kraftmaschinen, also die Möglichkeit, die Maschinen im Bedarfsfalle zu überlasten. Selbstverständlich kann es sich hierbei nur um Bruchteile der Nennleistung handeln, da stärkere Inanspruchnahme die Maschine schädigt. Wichtig ist weiter, besonders für kleinere Betriebe, daß die Maschine leicht in Betrieb gesetzt und angehalten werden kann. Außerdem darf während des Stillstandes ein Betriebsmittelverbrauch nach Möglichkeit nicht stattfinden. Ist die Inbetriebsetzung umständlich, so wird man in vielen Fällen die Maschinen in den Arbeitspausen durchlaufen lassen, also unnütz Brennstoff verbrauchen. Erwünscht ist dann endlich, daß für Bedienung und Wartung nur geringe Kosten entstehen.

Die Schwierigkeiten, die die einzelnen Betriebe und ihre Arbeitsmaschinen für die Auswahl der Kraftmaschinen bieten, sind natürlich verschieden. Es gibt Maschinen, deren Kraftverbrauch ziemlich genau

Abb. 13. Dieselmotor für kleinere Leistungen. Bauart Motorenfabrik Deutz A. G.

Abb. 14. Liegender Dieselmotor für mittlere Leistungen. Bauart Motorenfabrik Deutz A. G.

feststeht und ziemlich gleichmäßig ist, z. B. Mühlen, und solche, deren Kraftverbrauch in weiten Grenzen schwankt. Außerdem gibt es Betriebe, in denen die Auswahl der Betriebsmaschinen durch die vorkommenden Abfälle bestimmt ist, z. B. in einer Tischlerei oder in einem Sägewerk wird man die Holzabfälle entweder zur Dampferzeugung oder zur Kraftgaserzeugung benutzen. Um in jedem Falle die wirklich entstehenden Kosten im voraus zu berechnen, ist es notwendig, die Kosten für die Arbeitseinheit, also die Kilowattstunde (kWh) festzustellen.

Einen wesentlichen Einfluß auf die Betriebskosten übt dann auch die Einrichtung der Kraftübertragung aus. Der günstigste Fall ist der, daß Kraftbedarf und Drehzahl der Arbeitsmaschine mit Leistung und Drehzahl der Kraftmaschine übereinstimmt, und beide Maschinen direkt miteinandergekuppelt werden können. Dieser Fall ist verhältnismäßig selten, meistens wird man gezwungen sein, die zur Verfügung stehende Maschinenkraft auf mehrere Arbeitsmaschinen über einen mehr oder weniger ausgedehnten Raum zu verteilen. Je nach der Größe der zu übertragenden Leistung und der zu überwindenden Entfernung sind die Verhältnisse verschieden. Es ist in jedem Falle zu untersuchen, bei welcher Möglichkeit sich die geringsten Kosten ergeben.

Man unterscheidet mechanische Kraftübertragung durch Transmissionen mit Treibriemen und dergleichen, und elektrische Übertragungen, bei der die Kraftmaschine mit einer Dynamo zusammen arbeitet, die so groß ist, daß die gesamte Motorenleistung in Form elektrischer Energie abgegeben werden kann, und leitet diese dann zu den einzelnen Elektromotoren, welche die Arbeitsmaschinen antreiben.

Bezüglich der Arbeitsmaschinen unterscheidet man Einzelantrieb, bei dem jede einzelne Maschine einen ihrer Größe entsprechenden Motor bekommt. Man verwendet hier, abgesehen von Spezialfällen, fast nur Elektromotoren.

Zweitens den Gruppenantrieb, bei dem ein Motor für eine Gruppe von Arbeitsmaschinen bestimmt ist, wobei die Gruppe so ausgebildet werden muß, daß einmal der Motor möglichst voll beansprucht wird, dann aber auch der Gang des Werkstückes durch die Fabrikation möglichst einfach wird. Man versucht nach Möglichkeit zu erreichen, daß das Werkstück an der einen Seite in den Betrieb eintritt, und dann möglichst in einem geraden Zuge ohne nennenswerte Umkehrungen denselben durchläuft, und ihn am anderen Ende des Arbeitsganges an der entgegengesetzten Seite fertiggestellt wieder verläßt.

Drittens der Antrieb sämtlicher Arbeitsmaschinen von einer gemeinsamen Transmission aus. Dieser Fall ist jedoch heute in größeren Betrieben verhältnismäßig selten, und wird meist nur für kleinere Verhältnisse angewandt.

Die prinzipiellen Unterschiede der einzelnen Antriebsarten sind folgende:

Der Einzelantrieb ermöglicht, jede Arbeitsmaschine mit dem ihr nach ihrem Kraftbedarf zukommenden Motor anzutreiben. Jeder Motor braucht nur dann in Betrieb zu sein, wenn mit der Arbeitsmaschine gearbeitet wird. Kosten für unausgenützten Leerlauf entstehen bei ordnungsgemäßer Betriebsführung nicht. Auf der anderen Seite erfordert natürlich die An-

Abb. 15. Stehender Achtzylinder-Hochdruck-Strahleinspritz-Dieselmotor, 1500 PS. Bauart Motorenfabrik Deutz A. G.

schaffung einer größeren Anzahl von Motoren — für jede Arbeitsmaschine wenigstens einen — ein größeres Anlagekapital. Diesen höheren Aufwendungen stehen also Ersparnisse an Betriebskosten, also in erster Linie an Stromkosten gegenüber.

Bei der Entscheidung Einzelantrieb oder nicht, sind deshalb beide Kosten gegenüber zu stellen.

Der Gruppenantrieb verwendet für jede Gruppe nur einen Motor entsprechender Größe. Die Kraft wird unter Zwischenschaltung von kurzen Transmissionen und Vorgelegen den einzelnen Arbeitsmaschinen zugeleitet.

Abb. 16. Kleiner stehender Dieselmotor.
Bauart Bohn & Kähler.

Gestattet der Betrieb entweder durch gute Ausnutzung der Arbeitsmaschinen oder aber durch geschickte Verteilung des Arbeitsprogrammes auf die einzelnen Maschinen eine gute Ausnutzung des Antriebsmotors, so bietet der Gruppenantrieb dem Einzelantrieb gegenüber insofern Vorteile, als er bei annähernd den gleichen Stromkosten ein geringeres Anlagekapital erfordert, da meistens größere Motoren zusammen mit den

Vorgelegen billiger sind, als eine größere Anzahl von Motoren. Das Mitlaufen der Transmissionen kann, wenn nicht sämtliche Arbeitsmaschinen ständig mit einem größeren Prozentsatz ihrer Leistungsfähigkeit ausgenutzt werden, durch den Transmissions-Leerlauf den Wirkungsgrad der Anlage verschlechtern.

Abb. 17. Stehender Kleindiesel-Viertakt-Motor.
Bauart Motorenwerke Mannheim.
(MWM Patent Benz.)

Diese Gefahr ist besonders groß, wenn ein Motor einen ganzen Betrieb mit einer vielseitigen Produktion mit Kraft zu versorgen hat. Bei größeren Anlagen können bei unsachgemäßer Anlage und Wartung der Transmission hier ziemlich erhebliche Verluste entstehen. Andererseits werden solche Anlagen, die nur einen Motor und eine entsprechende Transmissions-Anlage erfordern, in der Anlage meist nicht unbeträchtlich billiger als der Einzelantrieb.

Man muß daher, wenn man sich für eine bestimmte Ausführungsform der Kraftanlage und Kraftübertragung entscheiden will, die Kosten für die verschiedenen Möglichkeiten ermitteln und miteinander vergleichen. Derartige Betriebskostenberechnungen werden von kleineren Gewerbebetrieben wohl schwerlich ausgeführt. Die Ergebnisse sind, da man für einige Werte Annahmen machen muß, vielfach ungenau. Es ist deshalb zweckmäßig, sich des Rates eines erfahrenen Beraters zu bedienen, oder zum wenigsten zu versuchen, die einmaligen Ausgaben für die Anschaffung und die laufenden Kosten im Betrieb wenigstens annähernd genau zu ermitteln.

Abb. 18. Viertakt-Dieselmotor, stehend, für mittlere Leistungen.
Bauart Motorenwerke Mannheim.
(MWM Patent Benz.)

Abgesehen von der wirtschaftlichen Seite sind die verschiedenen Kraftmaschinen auch wegen ihrer technischen Eigenschaften für die verschiedenen Zwecke verschieden geeignet. Es sollen deshalb zunächst die hauptsächlichen technischen Eigenschaften der verschiedenen Kraftmaschinenarten besprochen werden. Die wichtigsten Maschinenarten sind:

1. Windmotoren,
2. Wasserkraftmaschinen,
3. Dampfmaschinen,
4. Verbrennungskraftmaschinen,
5. Elektromotoren.

1. Windmotoren.

Die Ungleichheiten in der Luftdruckverteilung in der Atmosphäre rufen Bewegungen der Luft hervor, welche unter Umständen bedeutende Kräfte entwickeln, wie wir es bei Stürmen und Orkanen beobachten können. Auf Grund der Erfahrungen kann man annehmen, daß eine Mindestwindgeschwindigkeit von ca. 2 m/Sekunde nötig ist, um die mechanischen Widerstände des Motorgetriebes zu überwinden. Andererseits ist es bisher praktisch nicht möglich gewesen, eine Windgeschwindigkeit von über 8 m/Sekunde für die Krafterzeugung auszunutzen. Aus diesen Umständen ergibt sich eine sehr große Abhängigkeit der Windmotoren vom Wind und seiner Geschwindigkeit. Es handelt sich deshalb um eine schwankende und für den Gewerbebetrieb unzuverlässige Kraftquelle, die die außerdem wegen der Witterungsverhältnisse auf bestimmte Gegenden beschränkt ist.

Windmotoren haben eigentlich nur in der Form von Windmühlen eine umfangreichere Verwendung gefunden. Man benutzt sie daneben zum Betrieb von Wasserpumpen und ähnlichen landwirtschaftlichen Hilfsarbeiten. Man hat auch den Versuch gemacht, durch Windmotoren elektrische Arbeit zu erzeugen. Die Eigenart der Windverhältnisse verlangt hier jedoch eine vollkommen automatisch arbeitende Anlage, da die Schwankungen der Windstärke sonst eine dauernde Beaufsichtigung der Anlage notwendig machen würden, zur Ausnutzung günstigen Windes auch wohl in der Nacht gearbeitet werden muß. Die Kosten der Aufsicht machen einen wirtschaftlichen Betrieb meist unmöglich. Dadurch werden die Anlagen verhältnismäßig teuer und sind deshalb gegenüber dem elektrischen Strombezug aus den heute überall vorhandenen Überlandwerken meist nicht konkurrenzfähig, obwohl der Wind nichts kostet. Aus alledem ergibt sich, daß die Windmotoren sich außer für Mühlen nur für wenige Anwendungsgebiete eignen. In solchen hat man allerdings mit dem Windmotor recht gute Erfahrungen gemacht. Als Vorbedingung für eine umfangreiche Ausnutzung der Windkraft müßte man eine billige Akkumulierungsmöglichkeit schaffen, um auf diese Weise sowohl den jeweils vorhandenen Wind möglichst vollkommen auszunutzen und auf der anderen Seite den Kraftverbrauch den Bedürfnissen des Betriebes anpassen zu können. Solange diese Akkumulierungsmöglichkeit nicht vorhanden ist, können Windmotoren im allgemeinen nur in solchen Betrieben Verwendung finden, die sich in der Benutzung ihrer Arbeitsmaschinen der Windkraft anpassen können, also Betriebsbedingungen haben, die denen der Mühlen ähnlich sind.

2. Wasserkraftmaschinen.

Die Wasserkraftmaschinen kommen hauptsächlich in zwei Formen zur Anwendung, als Wasserräder und als Turbinen. In beiden wird die Kraft des zu Tale fließenden Wassers ausgenutzt. Diese ist natürlich um so größer, je größer die Wassermenge und das Gefälle des Wassers, also der Höhenunterschied ist, der für die Kraftmaschine nutzbar gemacht werden kann. Die verfügbare Leistung einer Wasserkraft errechnet sich nach der Formel

$$N = \frac{Q \cdot H \cdot 1000}{75} \text{ in PS.}$$

Q = Zuflußmenge des Wassers in m^3/Sekunde

H = Gefälle in m.

Man findet die Wasserkräfte hauptsächlich in bergigen und gebirgigen Gegenden, in denen sie eine der wichtigsten und ältesten Kraftquellen bilden.

Abb. 19. Wasserturbinenanlage.

Die Abhängigkeit von der durch Wetterlage und Jahreszeit bestimmten Wasserführung bringt jedoch auch bei den Wasserkraftmaschinen Unzuträglichkeiten mit sich, da häufig in Zeiten größten Kraftbedarfs die Wassermenge am niedrigsten ist. Man erweitert daher, weil auch hier eine billige Akkumulierungsmöglichkeit bisher meist fehlt, die Wasserkraftanlage häufig durch Verbrennungsmotoren, um die ausreichende Kraftversorgung ständig sicher zu stellen. Derartige Anlagen müssen jedoch bezüglich ihrer Wirtschaftlichkeit vor der Errichtung genau geprüft werden. In neuerer Zeit verwendet man bei neuen Anlagen fast ausschließlich Turbinen (Abb. 19 u. 20), da diese mit 70—85% den besten Wirkungsgrad der Wasserkraftmaschinen erzielen. Der Wirkungsgrad beträgt durchschnittlich:

für einfache unterschlächtige Räder	30—40%
für Kropfräder	40—50%
für Ponceleträder.	60—68%
für oberschlächtige Räder bei kleineren Gefällen	50--60%
für oberschlächtige Räder bei größeren Gefällen	60—80%

Die Anschaffungskosten von Wasserkraftanlagen sind im übrigen je nach den örtlichen Verhältnissen ganz verschieden. Es können deshalb hier

Abb. 20. Kleinturbine gekuppelt mit Dynamo.

keine Betriebskostenberechnungen aufgestellt werden. Außerdem sind die Fälle, in denen Wasserräder und Turbinen Verwendung finden können, heute meist ausgenutzt, womit auch in der Regel die Frage der Betriebskosten gelöst ist. Es handelt sich meist darum, für das zur Verfügung stehende Gefälle eine möglichst wirtschaftlich arbeitende Kraftmaschine auszuwählen. Eine Frage, die in erster Linie vom Standpunkt der Konstruktionsausführungen zu beantworten ist. Die Frage des Leerlaufverbrauches hat bei Wasserkraftanlagen nicht die praktische Bedeutung wie bei anderen Kraftmaschinen, da ja der Betriebsstoff, das Wasser unentgeltlich zur Verfügung steht.

3. Dampfmaschinen.

Im allgemeinen werden für die hier in Frage kommenden kleineren Leistungen die Dampfmaschinen in der Form von Lokomobilen verwendet, d. h. die eigentliche Dampfmaschine wird aus Gründen der Wirtschaftlichkeit oder der Raumersparnis direkt auf dem Dampfkessel aufgebaut. Man erzielt damit eine ausgezeichnete Wärmeausnutzung, erreichen doch die Lokomobilen in dieser Beziehung die großen Dampfanlagen. Kleinere und mittlere Anlagen verbrauchen 7000—10000 WE/PSh, haben also nur einen Wärmewirkungsgrad von 6—9%, während bei den größten Kraftwerken der Aufwand bis auf 3500—4000 WE sinkt und damit der Wirkungsgrad bis auf 17% steigt. Man hofft durch Verwendung von Hochdruckdampf in ganz großen Anlagen den Verbrauch bis auf 3000 WE/PSh zu vermindern, womit dann wohl das Höchstmaß von Wärmeökonomie erreicht sein dürfte.

Mit Rücksicht auf den verhältnismäßig großen Raumbedarf, der für den Kessel usw. entsteht, eignen sich Lokomobilen oder Dampfmaschinen überhaupt nur für Betriebe, die eine bestimmte Grenze nicht unterschreiten. Genaue Angaben lassen sich schwer machen. Es muß vielmehr von Fall zu Fall unter Abwägung aller Umstände geprüft werden, ob eine Dampfmaschine verwendet werden kann.

Die schlechte Wärmeökonomie verteuert außerdem den Betrieb, der nur dann wirtschaftlich ist, wenn die in dem Abdampf enthaltene Wärme nutzbringend verwendet werden kann, z. B. zum Kochen, Heizen, Trocknen usw., wobei allerdings erschwerend hinzukommt, daß der Abdampf nicht ölfrei ist. Ölfreien Abdampf liefern nur die Dampfturbinen, die jedoch z. Zt. meist erst von mehreren 100 PS an aufwärts in Frage kommen.

Die nach § 27 der Gewerbeordnung vorgeschriebene Genehmigung und fortlaufende Prüfung der Dampfkessel bringt häufig Ungelegenheiten und Kosten mit sich und wird deshalb häufig nicht gern gesehen.

Die Lokomobilen sowohl wie die Dampfmaschinen werden für Sattdampf, für überhitzten Dampf, für Auspuffbetrieb und mit Kondensation gebaut. Die Kesselfeuerung kann im allgemeinen für alle vorkommenden festen und flüssigen Brennstoffe eingerichtet werden. Insbesondere sind die Dampfmaschinen vielfach vorteilhaft, wenn brennbare Abfälle in genügender Menge im Betrieb anfallen, z. B. in Sägewerken usw. Wenn der Dampf auch für Heizungs- und Kochzwecke oder zur Warmwassererzeugung verwendet werden soll, ist es wichtig zu wissen, wieviel Dampf gebraucht wird, und wieviel Dampf die Dampfmaschine liefert, da in vielen Fällen noch Zusatzdampf erzeugt werden muß, wodurch die Verwendung eines größeren Kessels notwendig werden kann.

4. Verbrennungsmotoren.

Die Erfindung der Gasmaschine durch Otto und Langen, den Gründern der Motorenfabrik Deutz, fiel zusammen mit den Anfängen der Bestrebungen zur Förderung des Handwerkes und Kleingewerbes. Durch den Deutzer Motor wurde daher mit dem Auftreten des Bedürfnisses nach einer Kraftmaschine auch die Möglichkeit der Erfüllung desselben gegeben. Der Gasmotor, und etwas später auch der Benzinmotor, haben dann bis Ende der 90er Jahre das Feld als Kraftmaschine für kleinere und mittlere Betriebe fast ausschließlich beherrscht.

Abb. 21. Liegender Dieselmotor für größere Leistungen.
Bauart Gebr. Körting.

Die Wärmeökonomie der Verbrennungsmotoren ist beträchtlich höher als die der Dampfmaschinen.

Der Leuchtgasmotor verbraucht 2000—2100 WE/PSh (Wirkungsgrad 31%).

Der Sauggasmotor einschl. Gasanlage 2700 WE/PSh (Wirkungsgrad 24 %).

Die Großkraftmaschine für Gichtgas 2300 WE/PSh (Wirkungsgrad 27,5%).

Der langsam laufende Benzinmotor 3100 WE/PSh (Wirkungsgrad 20,5%).

Der schnelllaufende Benzinmotor 2100 WE/PSh (Wirkungsgrad 30%).

Der Dieselmotor 1700 WE/PSh (Wirkungsgrad 36—37%).

Zum Betriebe der Verbrennungskraftmaschinen können benutzt werden: Leuchtgas, Generatorgas, Sauggas, Azetylen, dann die leichtsiedenden Öle wie Benzin, Benzol, ferner Spiritus und schließlich Naphthalin und die

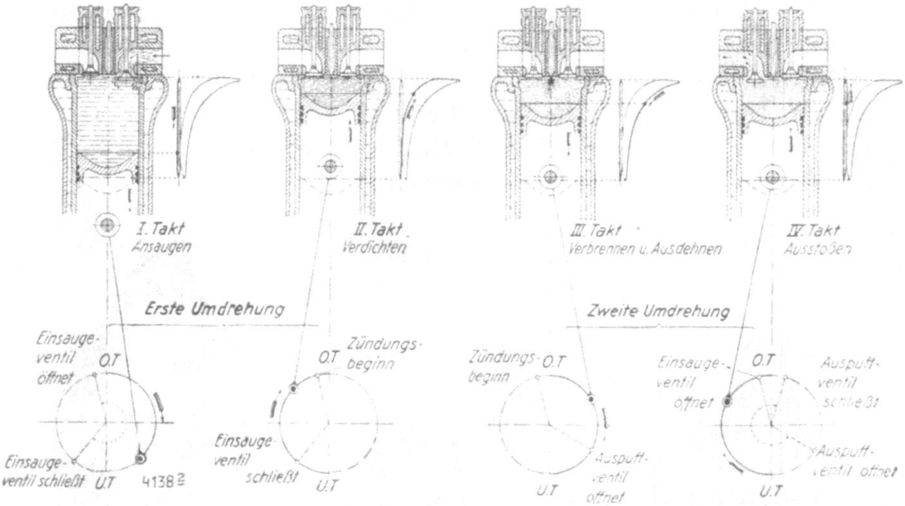

Abb. 22. Schema des Viertaktes.

Abb. 23. Gasmotor für mittlere Leistungen.
Bauart Motorenfabrik Deutz A. G.

Schweröle wie Gasöl, Braunkohlenteeröl, Petroleum, Paraffinöl. Solaröl usw. Man unterscheidet nach dem Betriebsstoff drei Gruppen von Motoren:

1. Gasmotoren,
2. Leichtölmotoren,
3. Schweröl- oder Dieselmotoren.

Die Gasmotoren zum Betriebe mit Leuchtgas oder Sauggas arbeiten nach dem Viertakt-Verfahren. (Abb. 22.)

1. Takt Ansaugen von Luft und Brennstoff (Verdichtungshub).
2. „ Komprimieren des Gemisches (Verdichtungshub).
3. „ Verbrennen (Verbrennungs- und Ausdehnungshub).
4. „ Ausstoßen der Verbrennungsgase (Ausschubhub).

Die Leichtölmotoren arbeiten nach dem gleichen System, nur daß bei ihnen beim Saughub die Luft durch den Vergaser angesaugt wird, in dem sich Betriebsstoff befindet. Dadurch wird ein Teil desselben teils zerstäubt, teils verdampft, und gelangt mit der angesaugten Luft gemischt in den

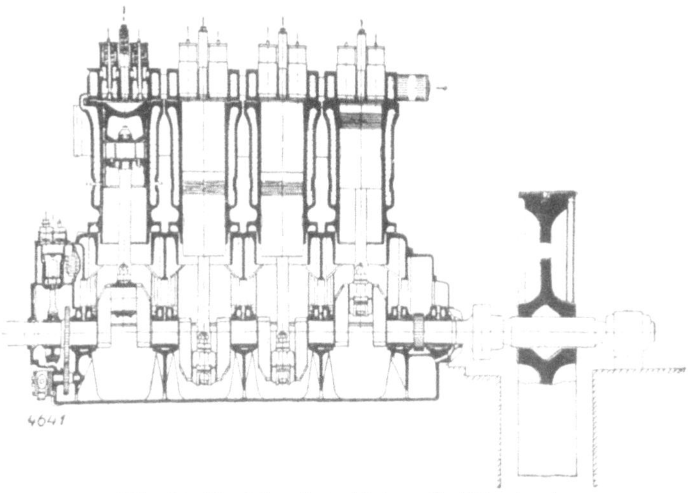

Abb. 24. Hochdruckstrahleinspritz-Dieselmotor.
Bauart Motorenfabrik Deutz A. G.

Zylinder, in dem sich dann der gleiche Arbeitsgang wie beim Gasmotor abspielt. Bei allen diesen Motoren wird die Zündung künstlich von außen eingeleitet. Man benutzte dazu früher eine Gasflamme bzw. ein durch eine Gasflamme erhitztes Glührohr, während man neuerdings die Zündung fast ausschließlich durch elektrische Zündapparate vornimmt.

Die Dieselmotoren (Abb. 13, 14, 15, 16, 17, 18, 21, 23, 24, 25, 27a u. b, 33, 34, 35) arbeiten mit den vorerwähnten Schwerölen. Sie besitzen weder Vergaser noch Zündapparate. Ein großer Teil von ihnen arbeitet ebenfalls nach dem 4 Takt-Verfahren, jedoch wird bei ihnen an Stelle des brennbaren Gemisches reine Luft angesaugt. Außerdem wird die Verdichtung, die beim Gas- und Leichtölmotor 5—6 Atm. beträgt, wesentlich höher, nämlich bis auf ca. 28—30 Atm. getrieben. Durch diese hohe Kompression bei der sich die verdichtete Luft bis ca. 600° erwärmt, wird die bisher von anderen Maschinen nicht erreichte hohe Brennstoffausnutzung des Dieselmotors erzielt. Kurz vor Erreichung der oberen Totpunktlage, also kurz bevor der Kolben seine höchste Stellung erreicht hat, wird dann der Brennstoff in den Zylinder hineingedrückt.

Beim Hochdruckstrahleinspritzverfahren (Abb. 24 u. 25) wird das Treiböl zu diesem Zwecke bis auf ca. 200 Atm. komprimiert und gelangt

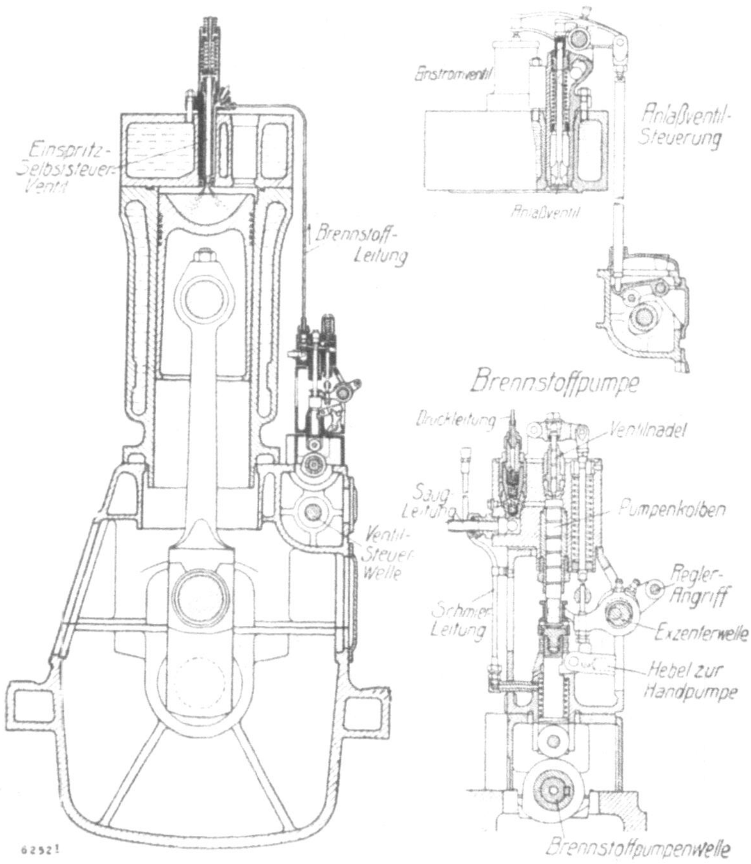

Abb. 25. Hochdruckstrahleinspritzmotor.
Bauart Motorenfabrik Deutz A. G.

durch die Einspritzdüse in den Verbrennungsraum des Zylinders. Durch den hohen Druck wird der Brennstoff sofort nach Verlassen der Düse zerstäubt und mit der heißen hochkomprimierten Luft gemischt und sofort entflammt.

Beim Vorkammerverfahren (Abb. 26 u. 34) wird dagegen das Treiböl nicht direkt in den Zylinder, sondern in die Vorkammer gedrückt, welche mit dem

Hauptverbrennungsraum durch einige Kanäle in Verbindung steht. Die dadurch erzeugte Spannung drückt den Hauptteil des Brennstoffes durch die Kanäle in den Verbrennungsraum des Zylinders, wo nach Zerstäubung und Mischung mit Luft die Verbrennung stattfindet. Beim Vorkammerverfahren genügt es, den Brennstoff auf ca. 70—80 Atm. zu komprimieren. Die Verbindungslöcher zwischen Vorkammer und Verbrennungsraum besitzen einen Durchmesser von etwa 0,7—0,8 mm. Dadurch erhalten die Vorkammermaschinen eine verhältnismäßig weitgehende Unempfindlichkeit gegen die

Abb. 26. Vorkammer für liegende Motoren der Motorenfabrik Deutz A. G.

Qualität des Brennstoffes, während die Düsen der Strahleinspritzmaschinen nur 0,15—0,2 mm Durchmesser besitzen und dadurch eine größere Sorgfalt in der Auswahl des Brennstoffes verlangen.

Die Vorkammerdieselmaschinen haben allerdings die Unannehmlichkeit, daß sie beim Anlassen eines Kunstgriffes bedürfen. Ihre Einführung bedeutet zwar gegenüber dem Glühkopfmotor einen erheblichen Fortschritt, da die Anwärmung des Zylinderkopfes durch eine große Heizflamme in Wegfall gekommen ist. Beim Anlassen aus dem Kalten gibt aber die durch Verdichten hocherhitzte Luft einen Teil ihrer Wärme an die kalten Kammerwände ab. Dadurch verliert die Luft die Fähigkeit, den Brennstoff zu entzünden. Man muß deshalb für die ersten Zündungen zu einer künstlichen Wärmequelle greifen, und zwar benutzte man vorwiegend sogenanntes Glimmpapier, d. i. ein mit Salpeterlösung präpariertes poröses Papier, das man anzündete und dann in den Zylinder einsetzte. Das Andrehen mußte jedoch verhältnismäßig schnell geschehen, damit die ersten Brennstoffentzündungen bereits erfolgten, bevor das Papier abgebrannt war, was verhältnismäßig schnell geschah. Gelang das Andrehen nicht sehr schnell, so stellten sich häufig Versager ein, ebenso hatte man bei Mehrzylindermaschinen erhebliche Schwierigkeiten, da häufig das Papier im ersten Zylinder verbrannt war, bevor der letzte beschickt war.

Man hat versucht, langsamer abbrennbare Zündeinsätze herzustellen und verwendet neuerdings für Fahrzeugdieselmotoren sogenannte Zündspiralen, die elektrisch geheitzt werden. Da jedoch eine Stromquelle nicht

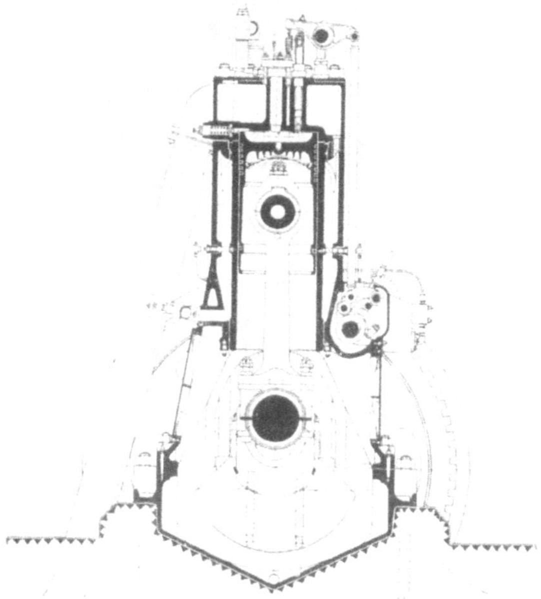

Abb. 27a. Schnitt durch einen stehenden Dieselmotor größerer Leistung. Bauart Starke & Hoffmann.

in allen Fällen zur Verfügung steht oder eine unerwünschte Verteuerung des Motors bedeutet, nimmt man neuerdings auch sogenanntes selbstzündendes Glimmpapier, das mit leicht entzündlichen Stoffen wie Kupfer-Nitrat getränkt ist und unangezündet in den Zylinder eingesetzt wird. Es genügt dann schon die geringe Erwärmung der Luft durch die Kompression beim Andrehen des Motors, um die Zündung einzuleiten.

Das Arbeiten im 4-Takt ermöglicht eine einfache übersichtliche Anordnung des Motors. Da jedoch auf nur zwei Umdrehungen ein Arbeitshub entfällt, sind die Triebwerkteile schlecht ausgenutzt. Wird außerdem besonderer Wert auf eine gleichmäßige Drehzahl gelegt, z. B. bei der Erzeugung von elektrischem Strom für Beleuchtungszwecke, so wird die Anbringung eines verhältnismäßig schweren Schwungrades notwendig. Bei Mehrzylindermaschinen wird durch das Versetzen der Zeitpunkte der Arbeitshübe der einzelnen Zylinder das Verhältnis günstiger, 6 Zylindermaschinen z. B. sind vollkommen ausgeglichen.

Zur besseren Ausnutzung der Triebwerkteile und zur Verbesserung des gleichmäßigen Ganges hat man den 2-Taktmotor geschaffen, bei dem auf jede Umdrehung ein Arbeitshub entfällt. Da in der Zeiteinheit die doppelte

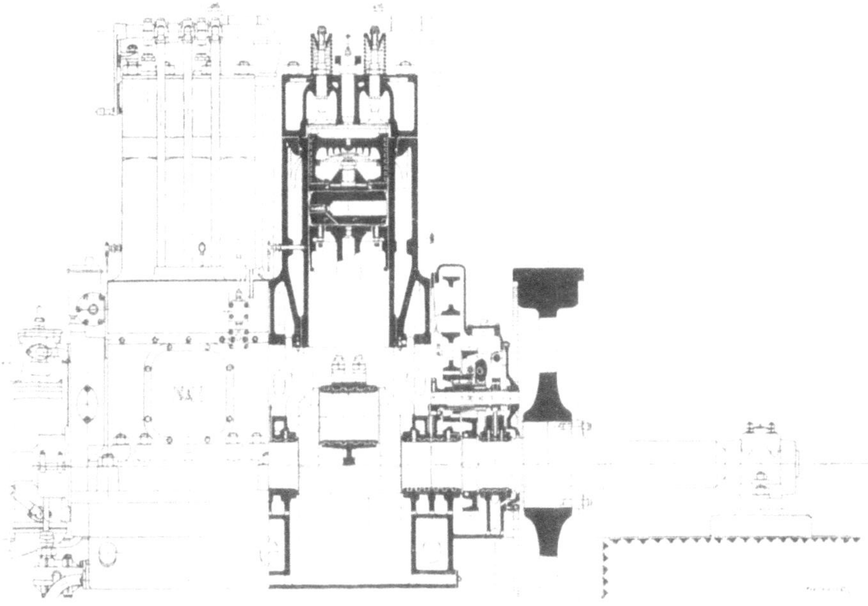

Abb. 27 b. Dieselmotor, Viertakt, größerer Leistung, Längsschnitt. Bauart Starke & Hoffmann.

Anzahl von Arbeitshüben stattfindet, fallen die 2-Takt-Motoren bei gleicher Leistung kleiner und billiger aus als die 4-Takt-Motoren. Zum Ansaugen der Luft und Ausstoßen der Verbrennungsgase sind besondere Hilfseinrichtungen notwendig, die den Motor wieder etwas komplizieren und verteuern.

Bei den Zweitaktdieselmotoren (Abb. 28 a u. b, 29, 30, 31 u. 32) kommen Einlaß- und Auspuffventil in Wegfall. Der Eintritt der Frischluft und der Austritt der Verbrennungsgase erfolgt bei ihnen durch Schlitze, die sich am unteren Ende des Zylinders befinden und die vom Kolben beim Abwärtsgang freigelegt werden. Bei den kleineren Motoren benutzt man das Kurbelgehäuse, welches zu diesem Zwecke abgedichtet ist, als Luftpumpe und drückt durch den herabgehenden Kolben die Luft im Kurbelgehäuse durch die Schlitze in den Zylinder. Diese Frischluft treibt die Verbrennungsgase auf der entgegengesetzten Seite hinaus. Beim Aufwärtsgang des Kolbens wird durch ein Ventil neue Luft von außen in das

Abb. 28a.

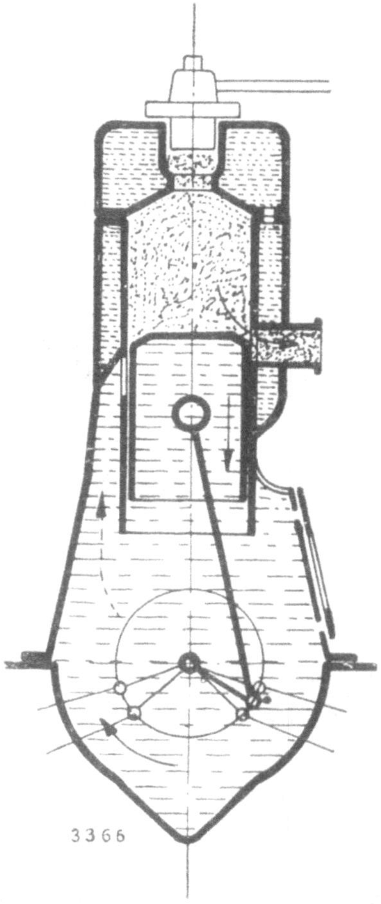

Abb. 28b.

Schema des Zweitaktes.

Kurbelgehäuse gesaugt. Für größere Motoren wird der Anbau einer besonderen Spülpumpe notwendig. Neuerdings rüstet man alle Motoren mit besonderen Spülpumpen aus. Die beiden Takte des Zweitaktmotores sind:

1. Takt Komprimieren (Verdichtungshub)
2. Takt Verbrennen und Ausdehnen (Arbeitshub).

Im allgemeinen baut man die ganz kleinen und die ganz großen Motoren als Zweitaktmaschinen.

Man unterscheidet ferner stehende und liegende Maschinen. Bei den stehenden bewegt sich der Kolben senkrecht von oben nach unten. Die

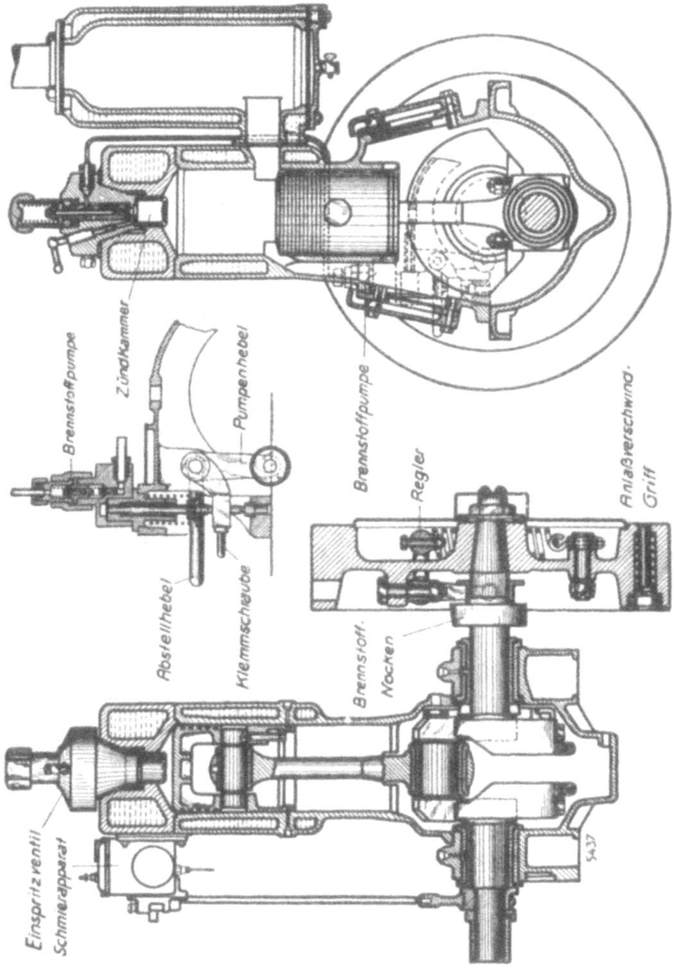

Abb. 29. Zweitaktmotor im Schnitt.
Bauart Motorenfabrik Deutz A. G.

Kurbelwelle befindet sich unten. Die stehenden Motoren haben den Vorteil des geringen Raumbedarfes. Liegende Maschinen, bei denen die Kurbelwelle in der Höhe der Zylindermitte liegt und bei denen sich der Kolben in einer, im allgemeinen wagerechten Richtung bewegt, haben den Nachteil des größeren Raumbedarfs, sind dafür jedoch leichter zu beaufsichtigen. Ebenfalls ist im Bedarfsfalle der Kolben usw. leicht auszubauen. Der

Druck im Zylinder läßt sich bei stehenden Maschinen genau zentral übertragen, während die Rahmen der liegenden Maschinen recht beträchtliche Biegungsbeanspruchungen aufnehmen müssen und dadurch recht schwer ausfallen. Die liegenden Maschinen gestatten ferner die Anbringung einer Verdampfungskühlung mit sehr geringem Wasserverbrauch, die bei stehenden Motoren nicht anzubringen ist.

Azetylenmotoren, sowie Motoren, die mit Spiritus und Naphthalin betrieben werden, sind heute im allgemeinen seltener.

Abb. 30. Zweitaktmotor.
Bauart Motorenfabrik Deutz A. G.

Abb. 31. Zweitaktmotor.
Bauart Motorenwerke Mannheim.
(MWM Patent Benz.)

Durch die fortschreitende Erforschung der wärmetheoretischen und konstruktiven Verhältnisse und die fortgesetzte Verbesserung der Fabrikationsmethoden durch die hochentwickelte Meßtechnik und Materialkunde ist es gelungen, in dem kompressorlosen Dieselmotor eine Kraftmaschine von außerordentlich großer Betriebssicherheit und Wirtschaftlichkeit zu schaffen.

Beim älteren, dem klassischen Dieselverfahren (Abb. 33) benutzt man zum Einspritzen des Brennstoffes hochkomprimierte Luft, die in einem besonders an den Motor angebauten Kompressor erzeugt wurde, der häufig

Abb. 32. Größerer Zweitaktmotor.
Bauart Motorenfabrik Deutz A. G.

Abb. 33. Älterer Dieselmotor mit Kompressor.

Anlaß zu Störungen gab und den Wirkungsgrad des Motors verschlechterte. Im Jahre 1912 gelang es der Motorenfabrik Deutz als der ersten, einen Dieselmotor ohne Kompressor zu schaffen.

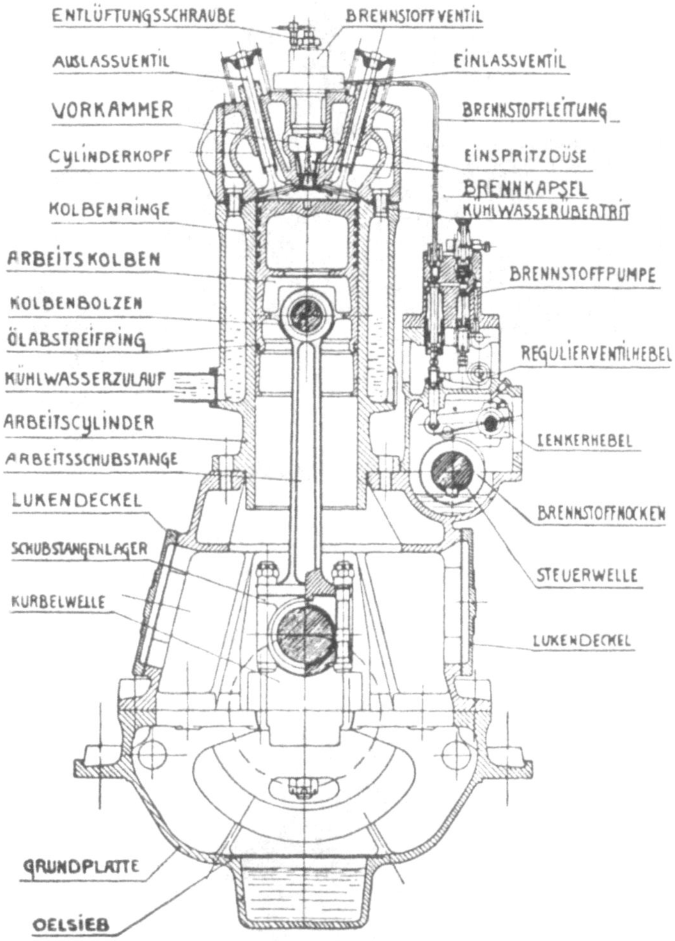

Abb. 34. Erläuterung eines Schnittes durch einen Vorkammerdieselmotor. Motorenwerke Mannheim.

Für Betriebe mit einer guten Ausnutzung des Motors und annähernd gleichmäßiger Belastung empfiehlt es sich auch, die Verwendung eines Sauggasmotors (Abb. 37, 38a u. b) ernsthaft ins Auge zu fassen. Sauggasmotoren arbeiten mit Generatorgas, welches nach dem weiter vorn erwähnten Verfahren (siehe Seite 22) aus minderwertigen Brennstoffen wie Kleinkoks, Feinanthrazit, Braunkohlenbriketts, Torf usw. hergestellt wird.

Betriebe, die viel brennbare Abfälle zur Verfügung haben, z. B. Sägewerke, können mit sehr großem Vorteil die Abfälle im Generator vergasen und auf diese Weise die Betriebsmittelkosten fast auf Null ermäßigen. Auch Abfälle tropischer Pflanzen, wie Mandelschalen, Kokosnußschalen eignen sich gut zur Vergasung.

Abb. 35. Vorkammerdieselmotor 4 Zylinder.
Bauart Motorenwerke Mannheim.

Sauggasmotoren sind durch das Hinzukommen des Generators in der Anschaffung etwas teurer, im Betrieb außerdem durch die im Abstand von einigen Stunden immer wieder notwendig werdende Bedienung des Generators etwas umständlicher, arbeiten jedoch in Betrieben mit hoher Betriebsstundenzahl mit außerordentlich niedrigen Gestehungskosten für die erzeugte Kraft.

Zu beachten ist, daß Dieselmotoren sofort betriebsbereit sind, während Gas- und Benzinmotoren eine kurze Vorbereitung von $^1/_2$—1 Minute nötig haben. Dagegen gebrauchen Spiritus-, Naphthalin- und Sauggasmotoren für die Inbetriebsetzung eine wesentlich längere Zeit.

5. Elektromotoren.

Die elektrische Kraftübertragung bietet die Möglichkeit, mit einfachen Mitteln Energiemengen über größere Strecken zu transportieren und über ausgedehnte Gebiete zu verteilen. Dadurch können auch Ortschaften mit

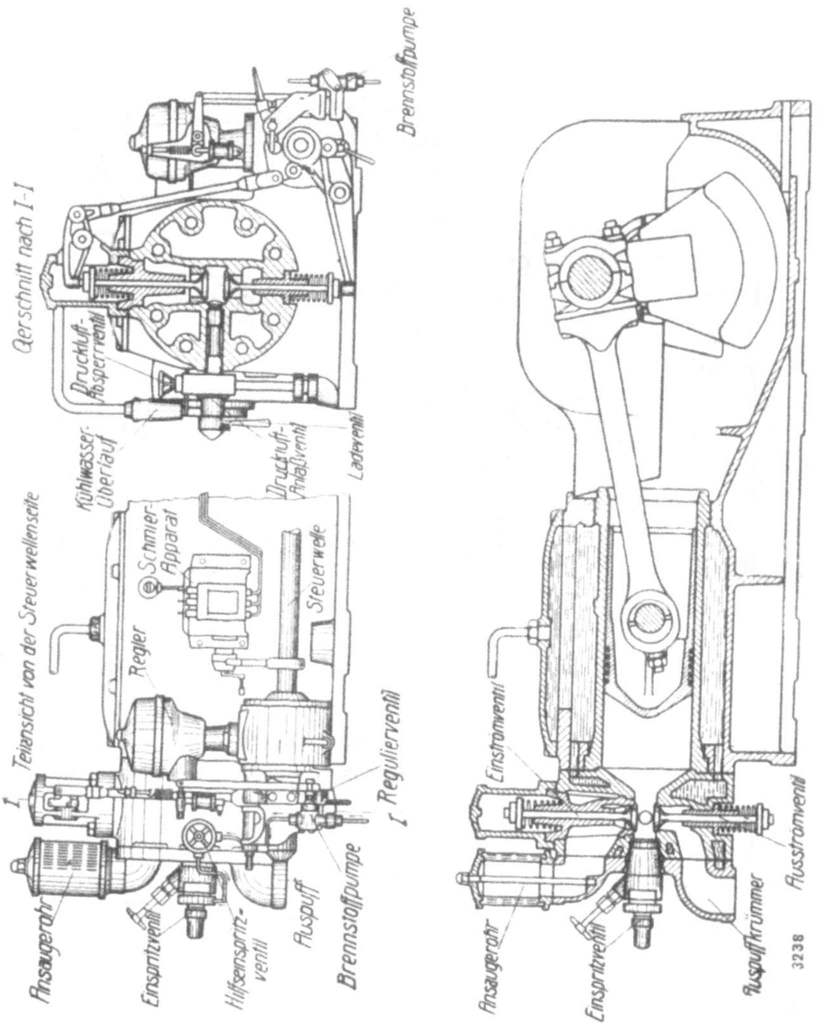

Abb. 36. Liegender Vorkammerdieselmotor M. F. Deutz.

elektrischer Energie beliefert werden, die sonst ihrer Lage und den sonstigen Umständen nach von der Kraftversorgung ausgeschlossen wären.

Die große Teilbarkeit der elektrischen Energie ermöglicht es, Motoren der verschiedensten Größe zu verwenden, also den für den jeweiligen Kraftbedarf günstigsten Motor auszuwählen.

Die Elektromotoren sind außerdem verhältnismäßig billig, so daß die Elektrizität in großem Umfange die Aufgabe übernommen hat, das selbständige Kleingewerbe, die Hausindustrie und die Landwirtschaft mit einer billigen Betriebskraft zu versehen. Aus dieser Entwicklung heraus hat der Elektromotor eine sehr umfassende Verbreitung gefunden und ist zu einer wertvollen Stütze für die Einführung des Maschinenbetriebes im Kleingewerbe geworden.

Ursprünglich verwandte man hauptsächlich den Gleichstrom, der in den örtlichen Elektrizitätswerken erzeugt wurde. Mit der zunehmenden Großkraftübertragung ist jedoch heute der Drehstrommotor vorherrschend

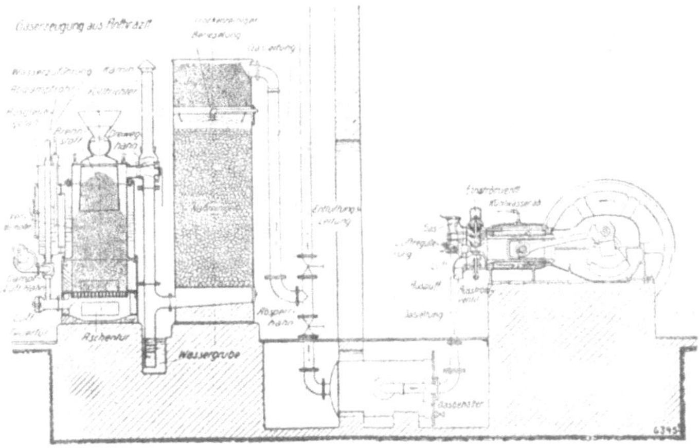

Abb. 37. Schema einer Sauggasanlage.

geworden. Dieser wird hauptsächlich in zwei Formen ausgeführt und zwar als sogenannter Kurzschlußankermotor, der einfachsten Form eines Motors überhaupt und als Schleifringankermotor. Drehstrommotoren mit Kurzschlußanker sind billig, rufen jedoch beim Einschalten einen sehr großen Stromstoß hervor, so daß mit Rücksicht auf die gleichzeitig angeschlossenen Lichtverbraucher ihre Verwendungsgebiete und Größen durch die Elektrizitätswerke beschränkt werden.

Man hat versucht, den Stromstoß dadurch zu vermeiden, daß man zwischen Motor und angetriebener Maschine eine selbsttätige Kupplung einbaut, die erst dann einspringt, wenn der Motor bereits annähernd seine volle Tourenzahl erreicht hat. Es gibt verschiedene Konstruktionen solcher Kupplungen, auf deren Einzelheiten hier nicht näher eingegangen werden kann. Außerdem behalten sich die Elektrizitätswerke zur Zeit ihre Stellungnahme zu den einzelnen Kupplungstypen noch vor. Bei befriedigender Lösung der Aufgabe, den Anlaßstromstoß zu vermeiden oder zu verringern, dürfte sich jedoch das Anwendungsgebiet der Kurzschlußmotoren erheblich erweitern, womit eine weitere Verbilligung der elektrischen Kraftanlagen für kleinere Verhältnisse erzielt würde.

Daneben gibt es Spezialkonstruktionen, die durch besondere Einrichtungen z. B. besondere Ankerwicklungen den Stromstoß verringern. Diese Motorenarten haben sich in der letzten Zeit auch für größere Leistungen in größerem Umfange eingeführt.

Abb. 38a. Sauggasmotor.
Bauart Motorenfabrik Deutz A. G.

Zur Zeit verwendet man für größere Leistungen meist noch Motoren mit Schleifringanker, bei denen durch die stufenweise Verringerung eines in den Anker eingeschalteten Widerstandes der Stromstoß bei der Inbetriebsetzung des Motors gemildert wird.

Die Elektromotoren besitzen, ähnlich wie die Dieselmotoren die wertvolle Eigenschaft, daß ihr spezifischer Verbrauch mit sinkender Last bis ungefähr Halblast nur wenig ansteigt. Dagegen verschlechtert sich bei Drehstrommotoren mit abnehmender Last der Leistungsfaktor. Der Leistungsfaktor gibt an, um wieviel die wahre Leistung oder Wirkleistung in Watt hinter dem Produkt aus Stromstärke u. Spannung, der Scheinleistung, zurückbleibt. Dieses Zurückbleiben tritt dadurch ein, daß infolge der magnetisierenden Wirkungen der Drahtwindungen u. Eisenkörper elektrische Gegenspannungen induziert werden, die die wirksame Leistung verringern. Der Leistungsfaktor hängt ab von der Phasenverschiebung, die der Strom gegen die Spannung besitzt. Mit kleiner werdendem Leistungsfaktor wird der Blindstromverbrauch höher. Dieser belastet die Generatoren des Elektrizitätswerkes und die Leitungen, wird aber vom Zähler nicht angezeigt. Die

Abb. 38 b. Sauggasmotor.
Bauart Motorenfabrik Deutz A. G.

Elektrizitätswerke gehen deshalb mehr und mehr dazu über, ihn besonders zu berechnen, um sich gegen die unwirtschaftliche Sonderbelastung zu wehren und die Abnehmer zu zwingen, eine Verschlechterung des Leistungsfaktors zu vermeiden. Schlecht belastete Motoren erhöhen nun den Blindstromverbrauch ganz erheblich. Es empfiehlt sich deshalb, die Motoren bei der Bestellung nicht größer zu wählen als nötig ist, also die Nennleistung des Motors auf ca. 75—80% des Durchschnittsverbrauches der Arbeitsmaschinen zu bemessen. Eine früher viel geübte Vorsicht, den Motor lieber etwas größer als nötig zu bemessen, zeigt sich hier als schädlich, und verursacht höhere Kosten, wenn der Blindstrom berechnet wird.

Man hat versucht, Drehstrommotoren zu schaffen, die den Fehler d erschlechterung des Leistungsfaktors bei teilweiser Entlastung nicht habe s sind dieses die sogenannten kompensierten Motoren. Diese arbeite it einem Leistungsfaktor von annähernd 1. Auch Überkompensierun t möglich, so daß z. B. der Blindstromverbrauch eines ganzen Betrieb it einer Anzahl Motoren sehr erheblich eingeschränkt werden kann, wen r größte Motor als kompensierter Motor mit Überkompensierung ei

Abb. 39. Sauggaszentrale.
Bauart Gebr. Körting.

ichtet wird. Allerdings muß er den Blindstromverbrauch der übrigen ichzeitig mit ihm in Betrieb befindlichen Motoren aufbringen können se kompensierten Motoren sind jedoch wesentlich komplizierter und da , wie die Gleichstrommotoren einen Kollektor haben, auch im Betrie l empfindlicher sind als die verhältnismäßig einfachen normalen Dreh ommotoren. Sie sind daher auch wesentlich teuerer, und sind deshal ht in dem Umfange zur Einführung gekommen, wie wohl ihre Kon ıkteure hofften.

In allerneuester Zeit hat die A. E. G. ein Kompensierungsverfahren wickelt, bei dem die normalen Motoren mit Kondensatoren zusammen arbeiten. Maßgebend dabei war die Überlegung, daß Kondensatoren als sogenannte Kapazitäten den Leistungsfaktor im entgegengesetzten Sinne beeinflussen als die induktiven Windungen der Motoren. Man hat also ein verhältnismäßig einfaches Mittel in der Hand, die Leistungsfaktorverschlechterung durch die Motoren wieder aufzuheben. Die Kompensierung durch Kondensatoren hat jedoch zur Zeit kaum das Stadium der Betriebsversuche überschritten. Ausreichende Betriebserfahrungen liegen bis jetzt noch nicht vor.

Wichtig ist eine sachgemäße Wartung und Instandhaltung der Motoren der elektrischen Anlagen. Vor allen Dingen muß sowohl im Interesse des Betriebsinhabers als auch des Elektrizitätswerkes und der Allgemeinheit unter allen Umständen vermieden werden, die zur Vermeidung von unzulässigen Erwärmungen der Leitungen vorgesehenen Schutzapparate in ihrer Wirkung zu behindern, indem z. B. die Sicherungspatronen durch Drähte, usw. ersetzt werden. Geschieht dies trotzdem, so sind Brände und dergleichen möglich, was bei ordnungsgemäßem Zustand der Sicherungsapparate ausgeschlossen erscheint.

Außerdem besitzt der heute meist verwandte Drehstrom eine wesentlich größere Gefährlichkeit für Menschen und Tiere als der Gleichstrom. Es können erfahrungsgemäß schon Todesfälle eintreten bei Spannungen von 60—70 Volt, die erheblich unter den Gebrauchsspannungen liegen. Diese, die heute meist bei Lichtanlagen 220 Volt und für Kraftanlagen 380 Volt betragen, haben schon Todesfälle in größerer Zahl verursacht. Auch hier ist darauf hinzuweisen, daß der ordnungsgemäße Zustand der Apparate und Leitungen der beste Schutz gegen solche Unfälle ist, für die im anderen Falle häufig der Betriebsinhaber die Verantwortung und Haftung trägt.

IV. Auswahl der Betriebskraft.

Für die Wahl der Betriebskraft ist außer den technischen Eigenschaften und den etwaigen Anforderungen des Betriebes die Höhe der Betriebskosten ausschlaggebend. Hierauf ist schon bei der Auswahl der Motoren Rücksicht zu nehmen. Zunächst muß die notwendige Leistung ermittelt werden,

Abb. 40. Liegender Viertaktdieselmotor. 1000 PS.
Bauart Gebr. Körting.

die von den Arbeitsmaschinen verlangt wird. Die genaue Feststellung ist ziemlich schwierig und erfordert große praktische Erfahrungen, da einwandfreie Messungen meist recht teuer und zeitraubend sind. Umso wichtiger ist eine möglichst sorgfältige und genaue Schätzung. Es ist, wie auch bereits bezüglich des Leistungsfaktors erwähnt, zu beachten, daß die Leistung des Motors nicht höher genommen wird, als unbedingt notwendig. Denn je größer die Leistung ist, umso mehr Energie verbraucht der Motor für Leerlauf. Bei schlechter Ausnutzung des Motors macht sich dieser Verbrauch deshalb umso mehr bemerkbar, je größer die Differenz zwischen Nenn- und Nutzleistung ist. Außerdem sinkt bei allen Motoren der Wirkungsgrad mit abnehmender Belastung. Der Wirkungsgrad stellt das Verhältnis des theoretisch nötigen Aufwandes, also z. B. des Betriebsstoffverbrauches, zu dem wirklichen Aufwand dar. Er wird bei einer Kraftmaschine umso kleiner je geringer die Nutzleistung der Maschine ist. Auch bei Elektro-

aotoren ist dies zu beachten wichtig, da auch bei ihm der Leerlauf
rauch die Betriebsmittelkosten beträchtlich erhöht, wenn die Moto

röße die geforderte Leistung wesentlich übersteigt. Hat man die Gr
ler notwendigen Leistung genau festgestellt, so wählt man:

Für Leistungen unter 10 PS, wenn Gas oder Elektrizität zur Verfüg
teht, Gasmotoren oder Elektromotoren.

Wenn die Betriebskraft selbst erzeugt wird, wird für kleinere Leistungen ein Benzin- oder Benzolmotor gewählt; über 6—7,5 PS können auch bereits Kleindieselmotoren in Frage kommen.

Abb. 42. Stehender Dreizylinder-Dieselmotor. Bauart Gebr. Körting.

Für Leistungen über 10 PS wird man Gasmotoren, Elektromotoren, Dieselmotoren oder Sauggasmotoren, für größere Leistungen etwa von 100 PS an aufwärts bei großem Wärmebedarf auch Dampfmaschinen verwenden.

Wichtig für die Auswahl ist weiter die Zahl der Betriebsstunden, in denen der Motor benutzt wird. Man unterscheidet folgende Fälle:

1. Wenn der Motor regelmäßig 24 Stunden am Tage gebraucht wird, Betriebsdauer 7200 Stunden im Jahr, durchgehender Betrieb. Es wird in drei Schichten gearbeitet.

2. Wenn der Motor regelmäßig vom Beginn bis zum Ende der Arbeitszeit läuft, also täglich 8 Stunden gebraucht wird. Betriebsdauer 2400 Stunden im Jahr. Dauerbetrieb.

3. Läuft der Motor nur während der Hälfte der Arbeitsstunden, also etwa 4 Stunden pro Tag oder 1200 Stunden im Jahr, so spricht man von einer mittleren Betriebsdauer.

4. Eine noch geringere Ausnutzung von 1—2 Stunden pro Tag bezeichnet man als kurzzeitigen Betrieb.

Die Frage, mit welcher Betriebsstundenzahl im Jahre zu rechnen ist, kann, wenn es sich um Neueinführung des Betriebes handelt, meist nur schätzungsweise beantwortet werden. Ist dagegen bereits mit Maschinen gearbeitet worden, so lassen sich schon genauere Fessttellungen machen. Die Betriebsstundenzahl bestimmt zusammen mit der geforderten Leistung den Betrag der sog. festen Kosten für die Arbeitseinheit. Darunter versteht man die Beträge für die Verzinsung, Abschreibung des Anlagekapitals und die Instandhaltung der Anlage. Die hierfür insgesamt entstehenden Ausgaben, geteilt durch die Anzahl der Betriebsstunden ergeben den Betrag, der zu den direkten Betriebsmittelkosten einer Stunde, also den Ausgaben für Gas, Treiböl, elektrischen Strom usw. als indirekte Betriebsmittelkosten hinzugeschlagen werden muß, um die gesamten Betriebskosten zu ermitteln. Diese indirekten Betriebskosten sind also um so höher, je teurer die Anlage und je kleiner die Betriebsstundenzahl im Jahre wird.

Motoren mit hohen Anschaffungskosten erfordern durch die hohen Ausgaben der Verzinsung, Abschreibung und Instandhaltung eine ausreichende Betriebsdauer, während für kurzzeitigen Betrieb meist nur die in der Anschaffung billigsten Motoren in Frage kommen.

Weiter ist zu beachten, ob die Belastung des Motors eine gleichmäßige sein wird oder ob die Beanspruchung wechselt. Im letzteren Falle ist ein Motor vorzuziehen, dessen Wirkungsgrad sich auch bei geringerer Belastung möglichst wenig verschlechtert.

V. Betriebskostenberechnungen.

Ein Vergleich der Betriebskosten der einzelnen Kraftmaschinen gibt den besten Anhalt über die Auswahl der Motoren. Voraussetzung ist natürlich dabei, daß die zugrunde gelegten Annahmen bezüglich der Motorenleistung, der Ausnutzung des Motors und vor allem der Betriebsstundenzahl einigermaßen richtig sind.

Die nachfolgenden Betriebskostenberechnungen können natürlich Anspruch auf unbedingte Gültigkeit für alle Fälle nicht machen. Es ist auch nicht möglich, im Rahmen der vorliegenden Schrift das Thema erschöpfend zu behandeln. Es sind eine Anzahl von Fällen — verschiedene Motorengrößen für verschiedene Belastungen und Betriebsstundenzahlen — ausgerechnet worden, so daß an Hand dieser Berechnungen schon eine Beurteilung der verschiedenen Kraftmaschinen möglich ist. Außerdem ist es an Hand der durchgeführten Rechnungen nicht schwierig, solche auch für besondere Fälle durchzuführen.

Um eine einwandfreie Betriebskostenberechnung durchführen zu können, muß bekannt sein:

1. Die Größe oder Leistung des Motors.
2. Der Verbrauch an dem jeweiligen Betriebsstoff, wie Benzin, Benzol, Dieseltreiböl, Gas, Elektrizität, Kohlen usw., und zwar
   a) bei Vollast, b) bei Teillast.
3. Der Preis für den Betriebsstoff.
4. Schmiermaterial- und Putzmaterialverbrauch und -Kosten.
5. Bei Verbrennungsmotoren, Dampfmaschinen usw. der Verbrauch und die Kosten für Kühl- und Kesselspeisewasser.
6. Die Kosten für Bedienung.
7. Die Anschaffungskosten für die Kraftmaschine.
8. Die Verzinsung.
9. Die Abschreibung.
10. Die Instandhaltung.
11. Die Betriebsstundenzahl.

I. Motorengrößen.

Für die Vergleichsrechnung sind folgende Motorengrößen zugrunde gelegt worden:

Leichtölmotoren . 2 PS, 4 PS, 6 PS, 10 PS,
Leuchtgasmotoren 2 PS, 4 PS, 6 PS, 10 PS, 20 PS,

Dieselmotoren . . 10 PS, 20 PS, 30 PS, 50 PS, 100[1]) PS, 330 PS, 525 PS, 1100 PS, 1450 PS,

Sauggasmotoren . 20 PS, 28 PS, 55 PS, 110 PS, 300 PS, 525 PS, 700 PS,

Elektromotoren . 2 PS, 4 PS, 6 PS, 10 PS, 20 PS, 30 PS, 55[2]) PS, 110 PS, 300 PS, 525 PS.

Im allgemeinen wird es seltener vorkommen, daß ein 500 PS-Elektromotor bei Fremdstrombezug in einer Einheit aufgestellt und die ganze Leistung mechanisch abgenommen wird. Viel häufiger dagegen wird man die bezogene Energie in der Fabrik verteilen und die einzelnen Betriebsgruppen mit entsprechend kleineren Motoren antreiben.

Für die Leistungen von 55 PS an aufwärts ist die Einrichtung einer Transformatorenstation vorgesehen. Da die Elektrizitätswerke in solchen Fällen fast immer die Übernahme der Kosten für die Transformatorenstation durch den Abnehmer verlangen, sind die entsprechenden Kosten eingesetzt. Außerdem ist mit Baukostenzuschuß zur Hochspannungsleitung von RM 4000 für die Leistung von 55 und 100 PS, von RM 8000 für die 300- und 500 PS-Anlagen gerechnet worden. Die Transformatorenstation für die 500 PS-Anlagen mit mehreren Motoren ist für die Aufstellung mehrerer Transformatoren, und zwar für 2 von 250 kVA und 1 von 100kVA vorgesehen.

2. Betriebsstoffverbrauch

Die theoretische Leistung der hauptsächlich in Frage kommenden Energiestoffe enthält die nachstehende Tabelle 1.

Tabelle 1. Energiewerte.

Art	Energiewert	Arbeitsvermögen in mkg	Theoret. Betriebsstoffmenge für 1 PS-Std.	Verfügbare Leistung in PS-Std., bez. auf 1 kg, 1 m³, 1 k Wh-Std.
Steinkohle, 1 kg	7 500 WE	3 202 500	0,084 kg	11,9
Koks, 1 kg	7 000 WE	2 989 000	0,090 kg	11,0
Braunkohlenbriketts, 1 kg	5 400 WE	2 305 800	0,117 kg	8,76
Braunkohle, 1 kg	4 100 WE	1 750 700	0,154 kg	6,5
Holz, 1 kg	3 000 WE	1 281 000	0,218 kg	4,58
Gasöl, 1 kg	10 000 WE	4 270 000	0,0632 kg	13,8
Teeröl, 1 kg	8 500 WE	3 629 500	0,0745 kg	13,4
Benzin, 1 kg	10 100 WE	4 312 700	0,0626 kg	16
Benzol, 1 kg	10 000 WE	4 270 000	0,0632 kg	15,8
Spiritus, 1 kg	5 600 WE	2 381 200	0,113 kg	8,84
Leuchtgas, 1 m³	5 000 WE	2 135 000	0,126 m³	7,95
Elektrizität, 1 kWh-Std.	864 WE	368.928	0,736 kW	1,36

[1]) Zweitakt und Viertakt. [2]) Bis 55 PS ist Niederspannung, von 55 PS aufwärts Hochspannungslieferung angenommen.

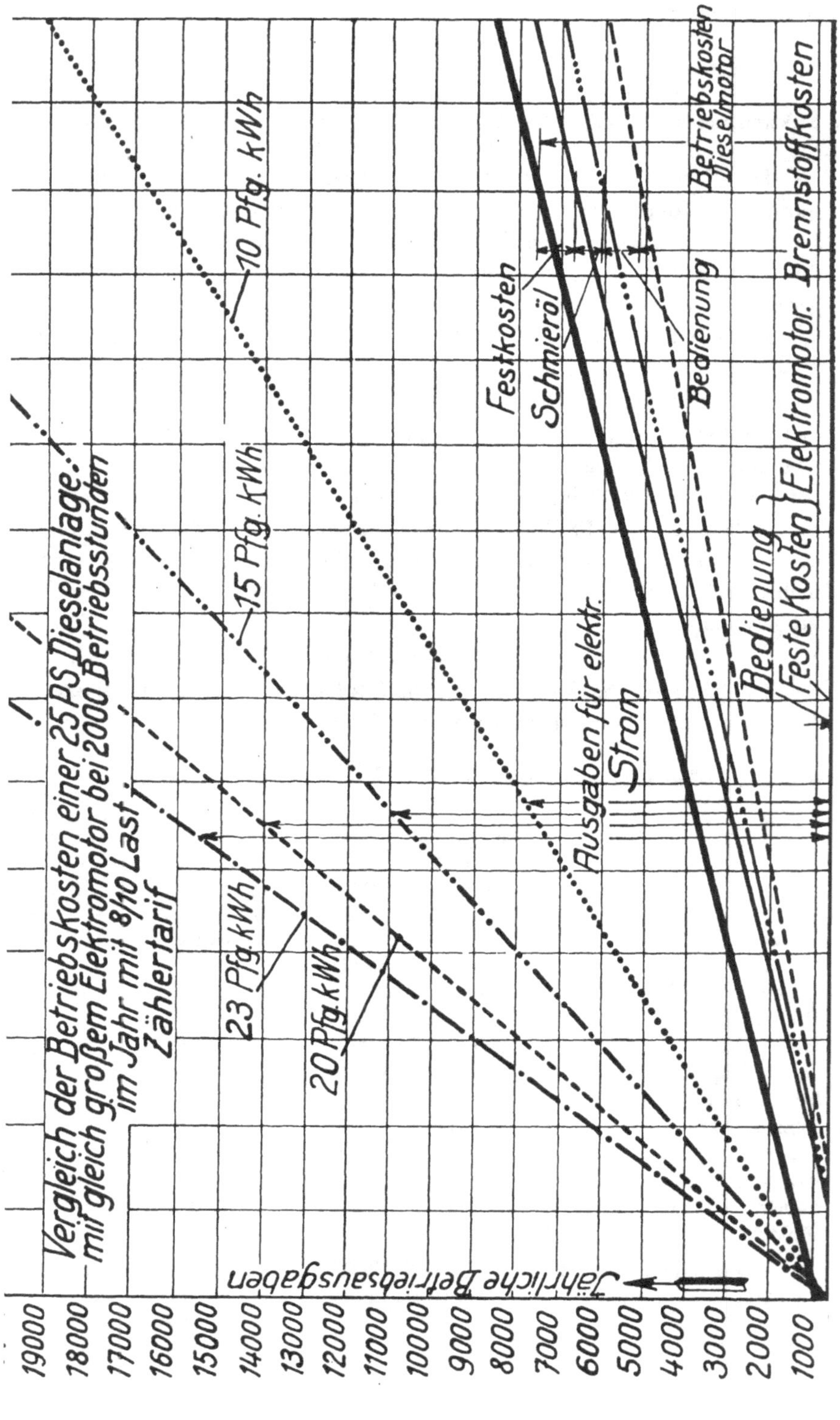

Vergleich der Betriebskosten einer 25 PS Dieselanlage mit gleich großem Elektromotor bei 2000 Betriebsstunden im Jahr mit 8/10 Last
Zählertarif
23 Pfg. kWh
20 Pfg. kWh
15 Pfg. kWh
10 Pfg. kWh
Festkosten
Schmieröl
Bedienung
Betriebskosten Dieselmotor
Brennstoffkosten
Ausgaben für elektr. Strom
Bedienung
Feste Kosten
Elektromotor.
Jährliche Betriebsausgaben
19000
18000
17000
16000
15000
14000
13000
12000
11000
10000
9000
8000
7000
6000
5000
4000
3000
2000
1000

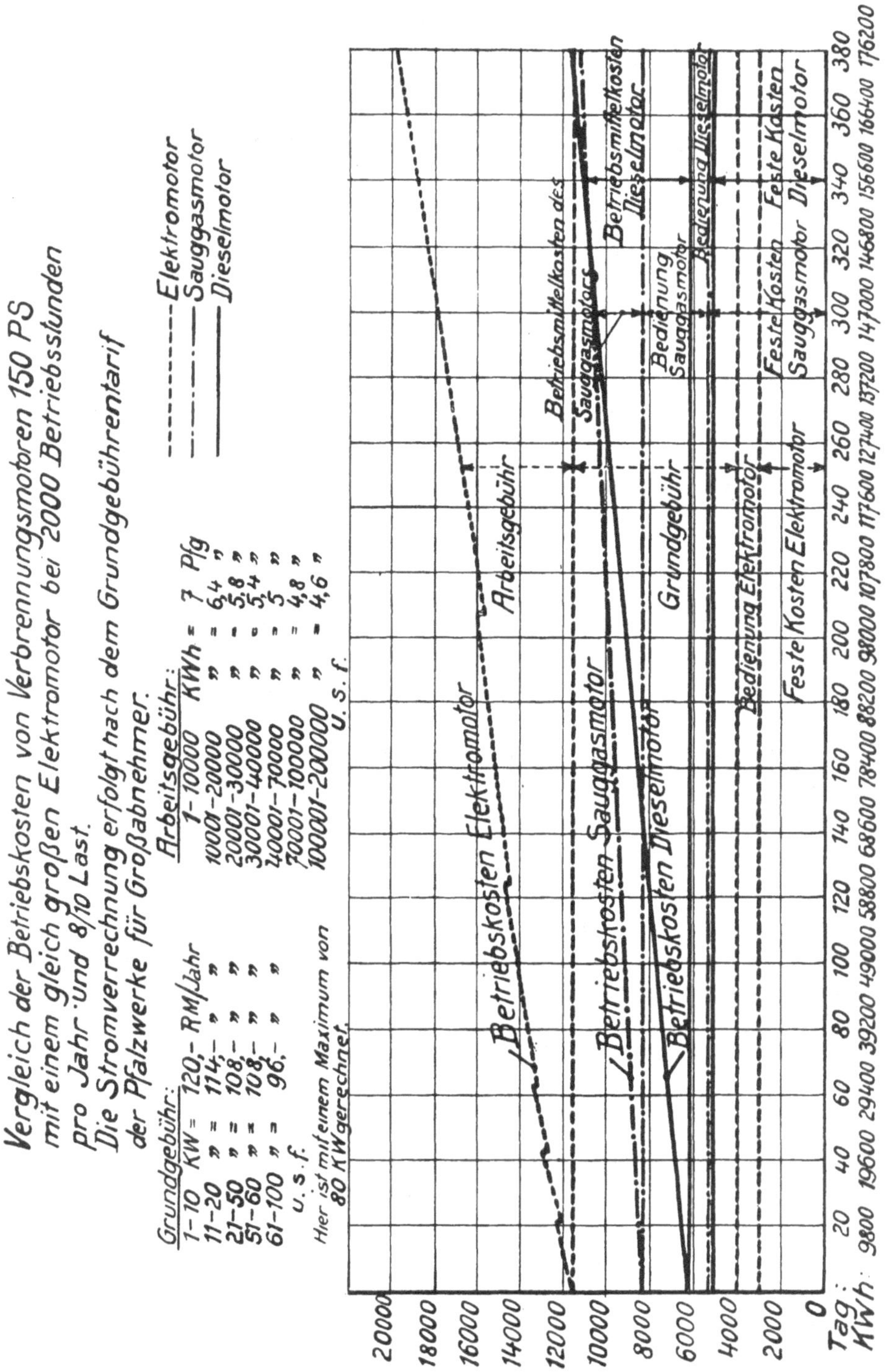
Vergleich der Betriebskosten von Verbrennungsmotoren 150 PS
mit einem gleich großen Elektromotor bei 2000 Betriebsstunden
pro Jahr und 8/10 Last.
Die Stromverrechnung erfolgt nach dem Grundgebührentarif
der Pfalzwerke für Großabnehmer.
Grundgebühr:
1–10 KW = 120,– RM/Jahr
11–20 „ = 114,– „ „
21–50 „ = 108,– „ „
51–60 „ = 108,– „ „
61–100 „ = 96,– „ „
u. s. f.
Hier ist mit einem Maximum von 80 KW gerechnet.
Arbeitsgebühr:
1–10000 KWh = 7 Pfg
10001–20000 „ = 6,4 „
20001–30000 „ = 5,8 „
30001–40000 „ = 5,4 „
40001–70000 „ = 5 „
70001–100000 „ = 4,8 „
100001–200000 „ = 4,6 „
u. s. f.
Elektromotor
Sauggasmotor
Dieselmotor
Betriebskosten Elektromotor
Betriebskosten Sauggasmotor
Betriebskosten Dieselmotor
Arbeitsgebühr
Grundgebühr
Bedienung Elektromotor
Feste Kosten Elektromotor
Betriebsmittelkosten des Sauggasmotors
Bedienung Sauggasmotor
Feste Kosten Sauggasmotor
Betriebsmittelkosten Dieselmotor
Bedienung Dieselmotor
Feste Kosten Dieselmotor
20000
18000
16000
14000
12000
10000
8000
6000
4000
2000
0
Tag: 20 40 60 80 100 120 140 160 180 200 220 240 260 280 300 320 340 360 380
KWh: 9800 19600 29400 39200 49000 58800 68600 78400 88200 98000 107800 117600 127400 137200 147000 146800 155600 166400 176200

Abb. 44.

Den Betriebsstoffverbrauch pro PSh der verschiedenen Kraftmaschinenarten ergibt die Tabelle 2.

Tabelle 2. Betriebsstoffverbrauch pro PS-Std. bei Volleistung

Leistung	Lokomobil Steinkohlen	Gasmotor Leuchtgas	Benzinmotor Benzin	Sauggasmotor Steinkohlen	Schwerölmotoren Oel	Elektromotor	
						Gleichstrom	Drehstrom
PS	kg	m^3	kg	kg	kg	kWh	
1	—	0,77	0,423	—	—	1,01	0,96
2	—	0,70	0,39	—	—	0,99	0,93
3	—	0,67	0,37	—	—	0,95	0,91
4	—	0,64	0,36	—	—	0,91	0,90
6	3,7	0,60	0,345	0,57	—	0,89	0,88
8	—	0,57	0,340	0,55	0,225	0,88	0,87
10	3,0	0,56	0,33	0.54	0,200	0,80	0,86
14	2,7	—	—	0,52	0,200	—	—
20	2,5	—	—	0,50	0,190	—	—
30	2,3	—	—	0,48	0,190	—	—

Die nächste Tabelle zeigt, wie sich der Betriebsstoffverbrauch ändert bzw. erhöht, wenn die Nennleistung des Motors nur teilweise ausgenutzt wird, und zwar ist angegeben, um wieviel Prozent der Verbrauch pro Leistungseinheit, also pro PSh bei Teillast höher ist als bei Vollast.

Es ist natürlich dabei zu beachten, daß der absolute Verbrauch, der ja bekanntlich von der abgegebenen Leistung abhängt, niedriger wird als bei voll belastetem Motor.

Wenn ein Dieselmotor einen spezifischen Treibölverbrauch von 180 g/PSh hat, so ergibt sich aus der Tabelle 3, daß der Verbrauch bei Halblast 114% beträgt, also um 14% höher ist als bei $^1/_1$ Last. Er beträgt demnach 205 g/PSh. Der wirkliche Verbrauch bei $^1/_2$ Last ist natürlich niedriger als bei $^1/_1$ Last, da der Motor ja nur die Hälfte leistet. Ein 100 PS-Motor verbraucht bei $^1/_1$ Last 18 kg Treiböl für die Stunde, bei $^1/_2$ Last dagegen 10,25 kg; er sollte aber nur 9 kg verbrauchen, wenn der Wirkungsgrad unverändert bleiben würde.

Die Angaben des Leerlaufverbrauches beziehen sich auf den Verbrauch für Vollast, so daß also z. B. eine Lokomobile bei Leerlauf 20% von dem Betriebsstoff bei voller Belastung verbraucht.

Alle Motoren arbeiten um so ungünstiger, je geringer ihre Belastung oder die Nutzleistung ist, die sie an den Betrieb abgeben müssen. Der Wirkungsgrad der Kraftmaschinen nimmt also mit abnehmender Belastung ab.

Tabelle 3. Mehrverbrauch für Teilleistungen und Leerlaufverbrauch

	Belastung in Prozent				Leerlauf
	100	75	50	25	%
Lokomobile	100	115	121	156,5	20
Leichtölmotor	100	110	127	185	35
Sauggasmotor	100	109	134	202	36
Dieselmotor	100	104	114	148	28
Elektromotor	100	100	110	125	15

Die Leistung wird bestimmt nach PS oder nach kW. In früheren Zeiten rechnete man ausschließlich nach PS. Mit Rücksicht darauf jedoch, daß wir bei den meisten der sonstigen Maß-Einheiten das Dezimalsystem haben, also z. B. mm, cm, dm, m, km usw., ist man dazu übergegangen, an Stelle des PS das kW als Einheit zu verwenden. 1 PS = 0,736 kW oder 1 kW = 1000 Watt = 1,36 PS. Die Brennstoffverbrauche, die der Rechnung zugrunde gelegt sind, sind in die Tabellen Nr. 4, 5, 6, 7, 8, die auch die Anschaffungskosten enthalten, eingetragen. Sie sind als Durchschnittswerte verschiedener maßgebender Motorenfabriken ermittelt. Die Werte entsprechen nach praktischen Erfahrungen dem Verbrauch für Kraftmaschinen bei einer Wartung von mittlerer Güte. Es kann vorkommen, daß bei Vernachlässigung der Maschine höhere Verbrauchszahlen in der Praxis sich ergeben. Man kann dieses jedoch nicht als allgemein maßgebend betrachten.

Natürlich haben die einzelnen Kraftmaschinenarten auch ihre besonderen Eigenheiten bezüglich des Betriebsmittelverbrauches. Bei einer Dampfmaschine z. B. ist es von großem Einfluß, in welchem Verhältnis sich die Betriebspausen zu den Betriebszeiten befinden. Im allgemeinen wird man bei kurzen Pausen die Intensität der Kesselfeuerung unverändert beibehalten und nur bei größeren Pausen oder während der Nacht das Feuer dämpfen. In allen Fällen geht aber Brennmaterial nutzlos verloren. Außerdem ist es sehr von der Geschicklichkeit des Heizers abhängig, ob die Verbrennung auf dem Rost mit dem größtmöglichen Nutzeffekt erfolgt. Weiter sind auch der Zustand des Kessels, z. B. ob stark mit Kesselstein besetzt oder nicht, Sprünge in der Kesseleinmauerung, durch die Frischluft eintreten kann usw., von bedeutendem Einfluß auf den Kohlenverbrauch und damit auf die Wirtschaftlichkeit der ganzen Anlage.

Bei dem Vorhandensein der günstigsten Umstände ist bei der Dampfmaschine der Verbrauch meistens nicht unbeträchtlich niedriger als bei durchschnittlichen und schlechten Betriebsverhältnissen. Für Dampfmaschinen hat sich die Gepflogenheit herausgebildet, bei Abnahme- und Prüffeldversuchen alle Momente so günstig wie möglich zu gestalten, so daß man geradezu von Paradeversuchen spricht. Bei den Elektromotoren und den modernen kompressorlosen Dieselmotoren ist dagegen der Betriebsstoffverbrauch dem Eingriff von außen vollkommen entzogen. Bei Gas- und Leichtölmotoren haben solche Eingriffe verhältnismäßig geringe Bedeutung, während bei Sauggasanlagen eine ordnungsgemäße Bedienung des Generators notwendig ist, um die Brennstoffkosten so niedrig wie möglich zu halten, wenn auch deren Einfluß bei weitem nicht so groß ist als bei der Dampfanlage. Einen Überblick über diese Zusammenhänge geben die

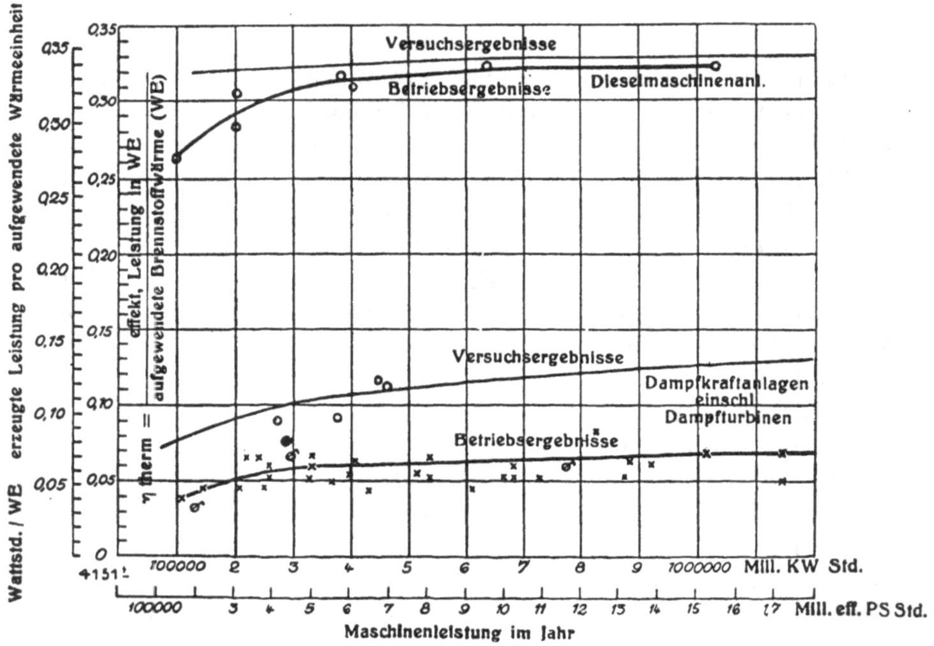

Abb. 45. Vergleich der Versuchsergebnisse mit denen des praktischen Betriebes zwischen Dieselmotor und Dampfmaschine (nach Josse).

Abbildungen Nr. 45 bis 52, die das Ergebnis von Untersuchungen aus der Praxis darstellen.

Neben dem spezifischen Betriebsmittelverbrauch bestimmt die Betriebsdauer die Betriebskosten. Sie ergibt zusammen mit der Belastung die Ausnutzung des Motors. Die Betriebsdauer der Motoren ist sehr verschieden, je nachdem es sich um Fabrik-, gewerbliche oder landwirtschaftliche Betriebe handelt. In den letzteren ist die jährliche Betriebsdauer verhältnismäßig gering. Sie beträgt im allgemeinen 150—500 Stunden im Jahr. Dagegen schwankt in gewerblichen Betrieben die Betriebsdauer in weiten Grenzen. Wenn im Gewerbe kleinerer Städte die Motoren 800—1000 Stunden im Jahre benutzt werden, so kommen diese Betriebe in größeren

Städten auf 2500 und mehr Betriebsstunden. Die längste Betriebszeit findet man in Fabriken. Die kleineren Fabrikbetriebe kommen häufig auf

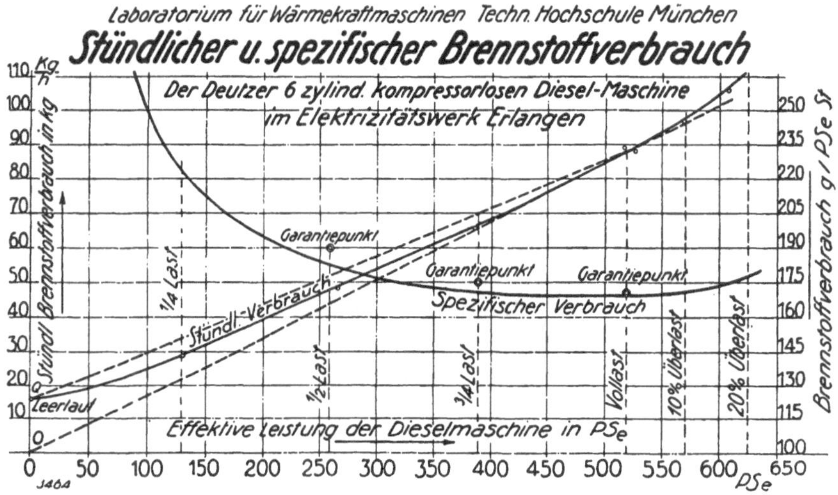

Abb. 46.

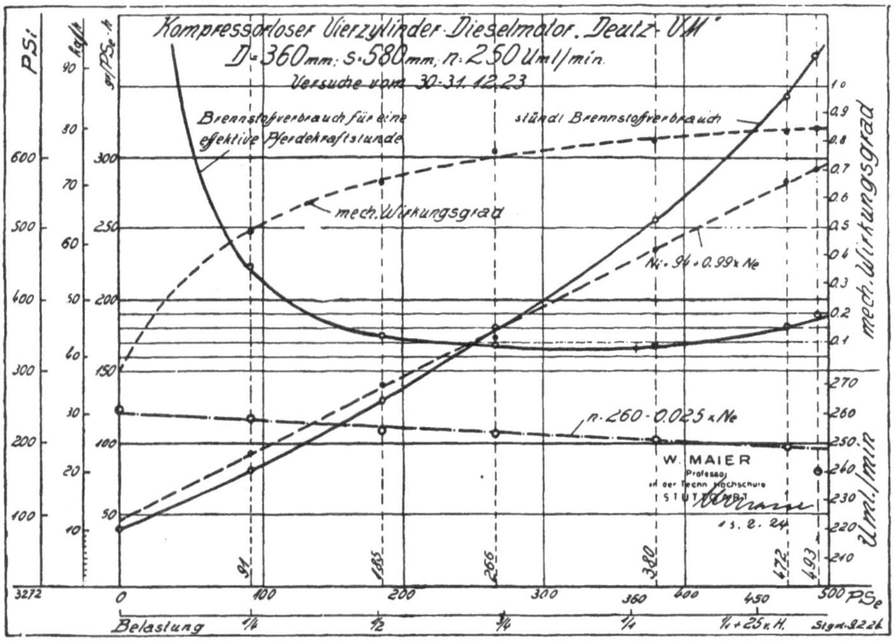

Abb. 47.

2400—3000 Betriebsstunden im Jahr, bei größeren kommt auch eine noch größere Betriebsdauer vor. Bestimmte Betriebe, wie größere Mühlen usw.

mit durchgehendem Betrieb von 24 Stunden am Tage steigern ihre jährliche Betriebsdauer bis auf 7000 Stunden und darüber. Da es demnach eine Norm für die Betriebsdauer nicht gibt, sind, um die Kostenentwicklung bei den verschiedenen Zeiten zu zeigen, in dieser Schrift verschiedene Werte angenommen, und zwar: 250, 500, 1000, 1500, 2000, 2400, 3000, 4000, 5000, 7200 Stunden.

Nicht minder wichtig als die Betriebsdauer ist die Belastung. Diese hängt, wie bereits erwähnt, vom Kraftbedarf ab, der in den meisten Be-

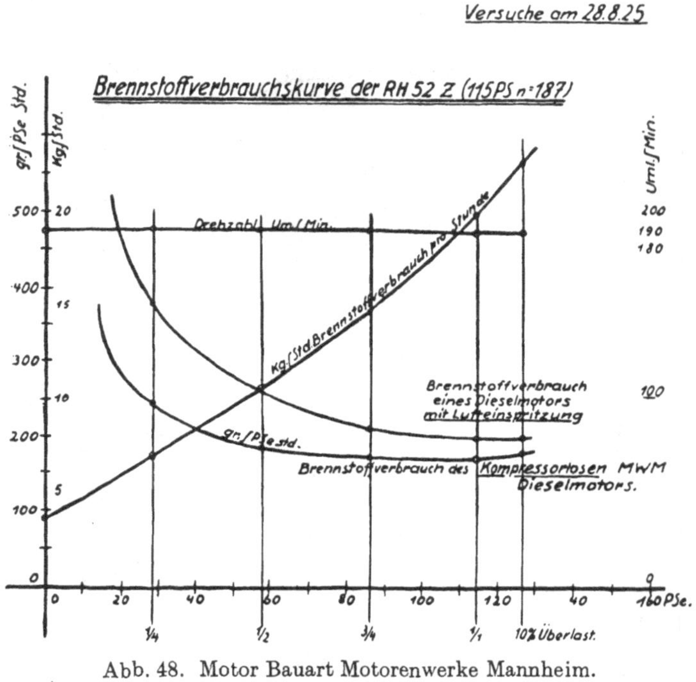

Abb. 48. Motor Bauart Motorenwerke Mannheim.

trieben regelmäßig oder auch unregelmäßig schwankt. Es wäre deshalb nötig, die größte und kleinste Belastung und die Größe der mittleren Belastung zu kennen. Auch hierfür gibt es keine Normen, sondern man ist meistens auf eigene Erfahrungen oder Annahmen angewiesen. Natürlich lassen sich durch geschickte Anordnung der Kraftanlage, durch Anwendung von Akkumulatorenbatterien bei Anlagen mit größerem Lichtbedarf, die in Zeiten geringen Kraftbedarfes geladen werden, die Leistungsschwankungen verringern oder vermeiden.

Um auch den Einfluß der Belastung des Motors im Verhältnis zu seiner Nennleistung zu zeigen, sind bei den Vergleichsrechnungen folgende Belastungsfälle zugrundegelegt:

1. Der Grenzfall mit 100proz. Belastung des Motors.
2. Der Normalfall mit 75proz. Ausnutzung der Nennleistung.
3. Mit 50proz. Ausnutzung der Nennleistung.

Von der Durchrechnung der Beispiele von noch geringeren Belastungen ist abgesehen worden, da, wie bereits erwähnt, eine noch geringere Ausnutzung der Maschinen entweder auf besondere Umstände, z. B. wenn der Motor für eine geplante Erweiterung des Betriebes ausreichen soll, einstweilen jedoch nur den vorhandenen Teil antreibt, oder auf unrichtige Ab-

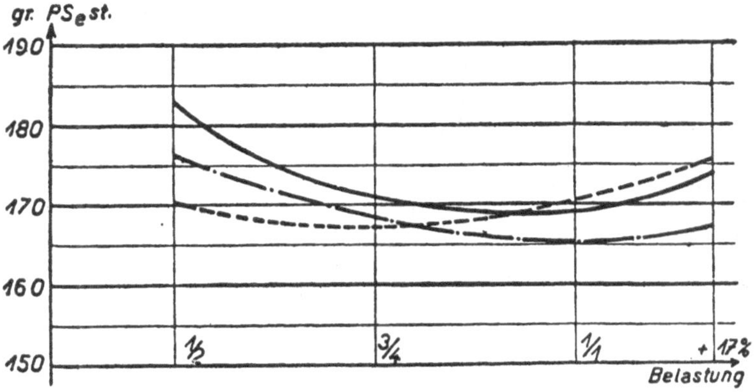

Spezifischer Brennstoffverbrauch der Deutzer kompressorlosen Dieselmotoren

— 520 PS Sechscylinder-Motor Elektrizitätswerk Erlangen (Prof. Loschge München)

----- 300 PS Viercylinder-Motor Elektrizitätswerk Talermühle (Bayrische Landesgewerbeanstalt Nürnberg)

-·-·- 350 PS Viercylinder-Motor Soc. An. Cuivre D'Arghana (Prof. Romberg Charlottenburg)

3786

Abb. 49.

messungen der Maschinengrößen zurückzuführen ist. Solche Umstände können jedoch hier nicht berücksichtigt werden.

Mit Rücksicht auf den meist ungenügend genau bekannten Kraftbedarf der Arbeitsmaschinen hat die Überlastungsfähigkeit der Motoren eine gewisse Bedeutung, da sie gegebenenfalls die aus einer etwas zu niedrigen Schätzung entstehenden Gefahren vermindert. Dampfmaschinen sind bekannt durch ihre sehr weitgehende Elastizität, also ihre ziemlich beträchtliche Überlastungsfähigkeit. Verbrennungskraftmaschinen erreichen die Dampfmaschinen in dieser Beziehung nicht, wenn auch Dieselmotoren um 10—20% über ihre Nennleistung beansprucht werden können. Elektromotoren sind ebenfalls elastisch, jedoch ist die Überlastungsfähig-

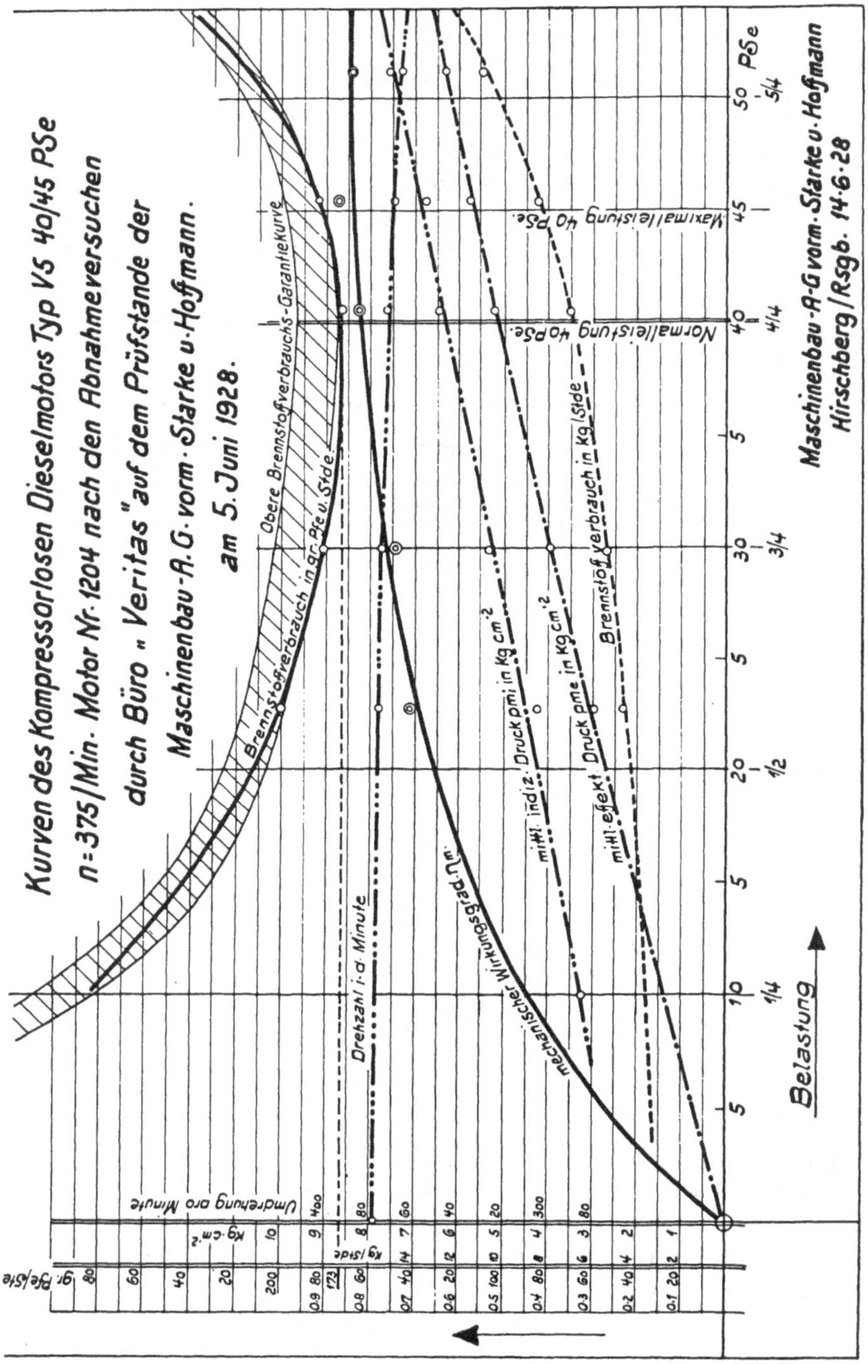
Kurven des Kompressorlosen Dieselmotors Typ VS 40/45 PSe
n=375/Min. Motor Nr. 1204 nach den Abnahmeversuchen
durch Büro „Veritas" auf dem Prüfstande der
Maschinenbau-A.G. vorm. Starke u. Hoffmann.
am 5. Juni 1928.
Obere Brennstoffverbrauchs-Garantiekurve
Brennstoffverbrauch in gr. Pfe u. Stde.
Drehzahl i. d. Minute
mechanischer Wirkungsgrad. ηm
mittl. indiz. Druck pmi in kg cm⁻²
mittl. effekt. Druck pme in kg cm⁻²
Brennstoffverbrauch in kg/Stde
Normalleistung 40 PSe.
Maximalleistung 40 PSe.
Umdrehung pro Minute
gr. Pfe/Stde
kg cm⁻²
kg/Stde
Belastung
PSe
1/4
1/2
3/4
4/4
5/4
Maschinenbau-A-G vorm. Starke u. Hoffmann
Hirschberg/Rsgb. 14.6.28

Abb. 50.

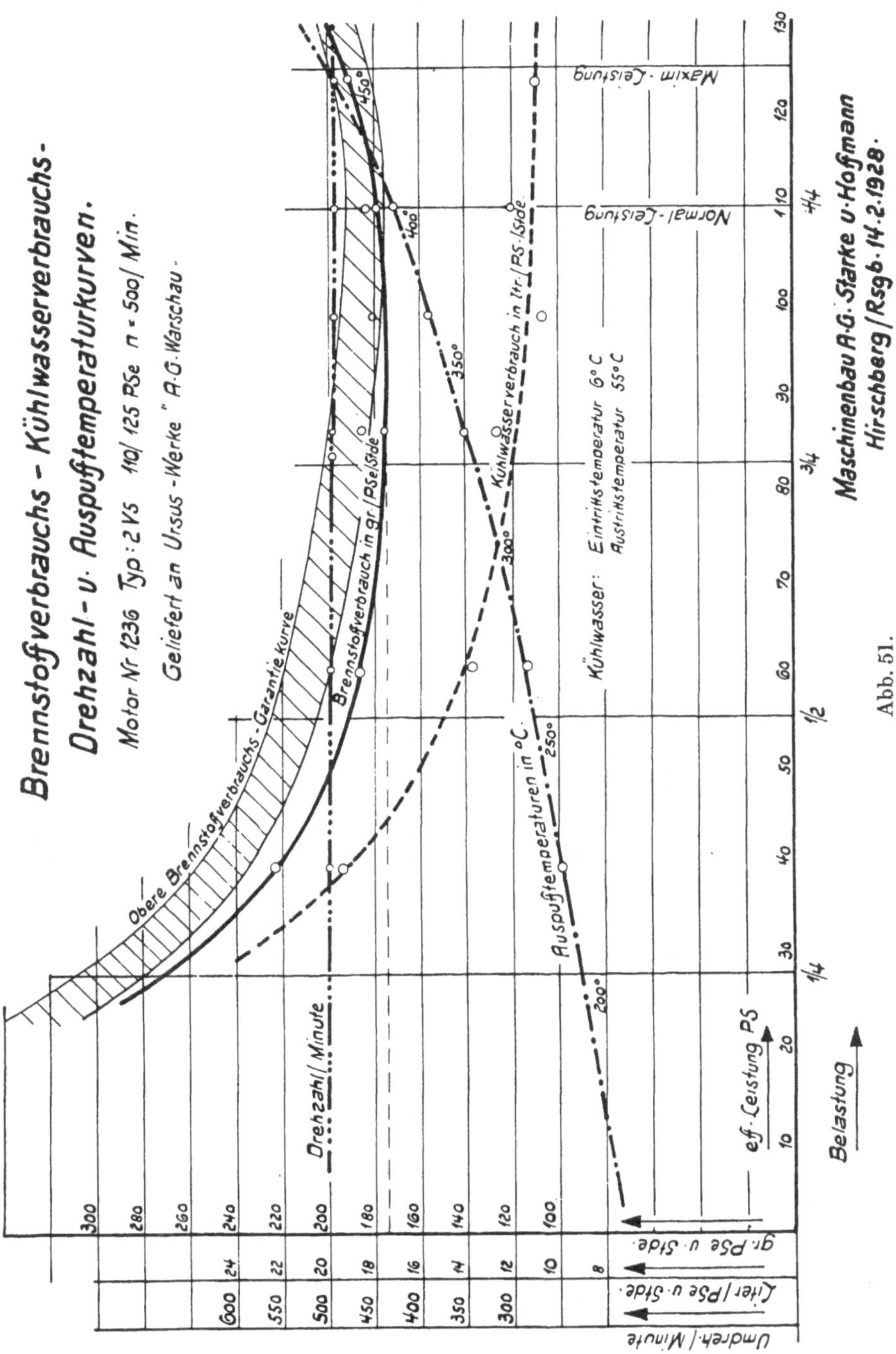

Brennstoffverbrauchs - Kühlwasserverbrauchs -
Drehzahl - u. Auspufftemperaturkurven.
Motor Nr 1236 Typ: 2 VS 110/125 PSe n = 500/Min.
Geliefert an Ursus - Werke " A.G. Warschau.
Obere Brennstoffverbrauchs - Garantiekurve
Brennstoffverbrauch in gr./PSe/Stde
Drehzahl/Minute
Kühlwasserverbrauch in ltr./PS/Stde
Auspufftemperaturen in °C.
Kühlwasser: Eintrittstemperatur 6° C
Austrittstemperatur 55° C
Maxim. Leistung
Normal-Leistung
eff. Leistung PS
Belastung
Umdreh./Minute
Liter/PSe u. Stde.
gr. PSe u. Stde.
Maschinenbau A.G. Starke u. Hoffmann
Hirschberg/Rsgb. 14.2.1928.

Abb. 51.

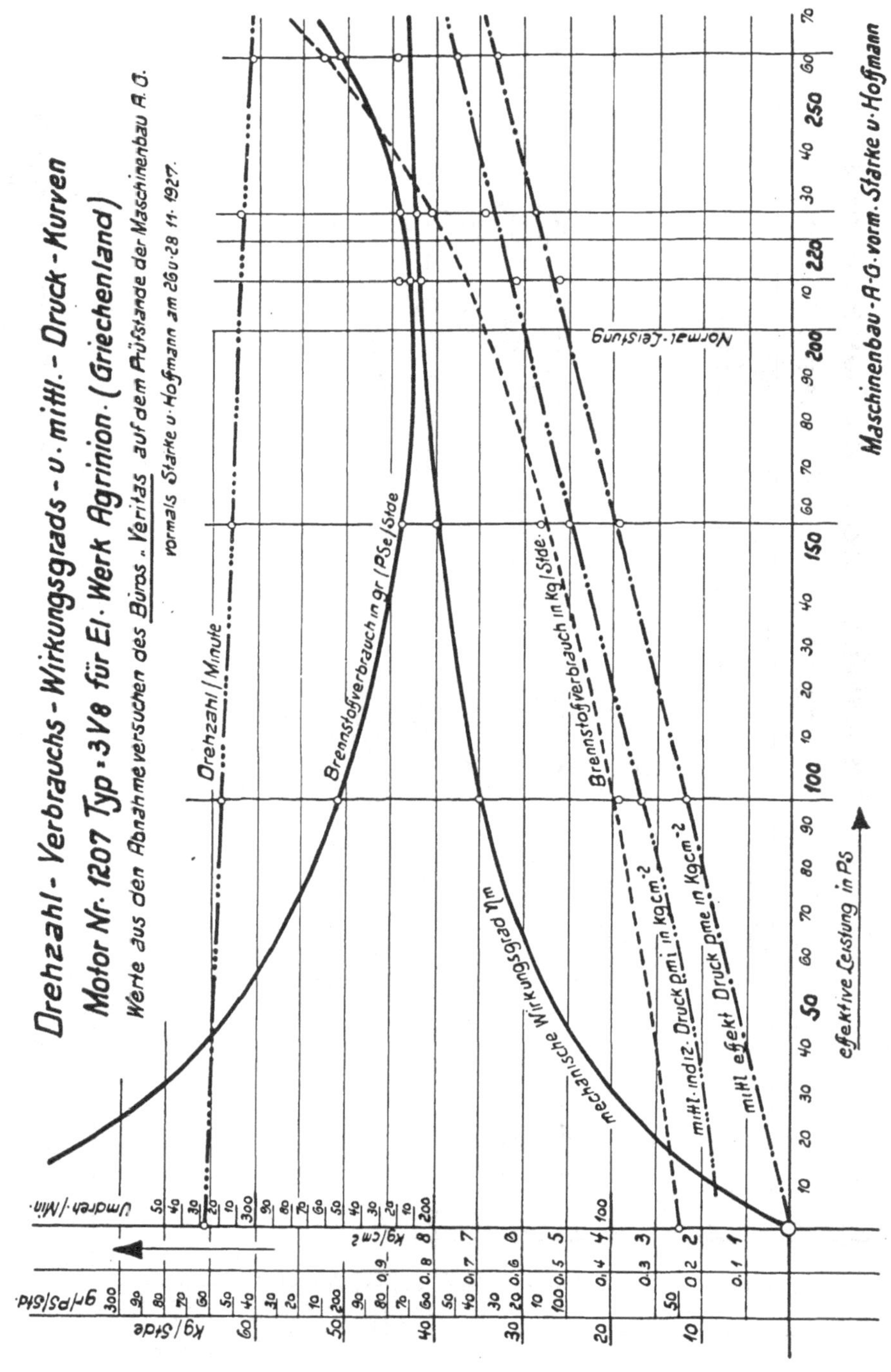
Drehzahl - Verbrauchs - Wirkungsgrads - u. mittl. - Druck - Kurven
Motor Nr. 1207 Typ: 3 V 8 für El. Werk Agrinion. (Griechenland)
Werte aus den Abnahmeversuchen des Büros „Veritas" auf dem Prüfstande der Maschinenbau A.G.
vormals Starke u. Hoffmann am 26 u. 28 11. 1927.
Drehzahl / Minute
Brennstoffverbrauch in gr / PSe / Stde
Brennstoffverbrauch in Kg / Stde.
mechanische Wirkungsgrad ηm
mittl. indiz. Druck pmi in Kgcm⁻²
mittl. effekt. Druck pme in Kgcm⁻²
Normal-Leistung
effektive Leistung in PS
Umdreh. / Min.
gr / PS / Std.
Kg / Stde
Kg / cm²
Maschinenbau-A.G. vorm. Starke u. Hoffmann
Hirschberg / Rsgb. 2.12.1927.

Abb. 52.

keit der heutigen Konstruktionen bei der recht weit getriebenen Materialausnutzung ebenfalls begrenzt. Die Bestimmungen des Verbandes deutscher Elektrotechniker sagen, daß die Maschinen für Dauerbetrieb in betriebswarmem Zustand 2 Minuten lang den 1,5fachen Nennstrom ohne Anstand ertragen müssen. Weiter ist bestimmt, daß bei den Motoren das Kipp-Drehmoment $\geqq$ ist, als 1,6 mal Nenndrehmoment. Das Kippmoment ist das höchste Drehmoment, das ein Motor im Lauf entwickeln kann.

3. Betriebsstoffpreis.

Die Preise für die einzelnen Betriebsstoffe sind verschieden. Ihre Höhe hängt von den Marktverhältnissen, den Entfernungen des Verbrauchsortes vom Gewinnungsort, den Transportkosten, der Qualität usw. ab. Die Kohlenpreise werden bekanntlich in Deutschland von den Kohlensyndikaten bestimmt, die wiederum entsprechend den gesetzlichen Bestimmungen der Aufsicht der Regierung unterstehen. Für die nachstehenden Berechnungen sind, soweit Kohlen dafür in Frage kommen, die z. Zt. gültigen Kohlensyndikatspreise verwendet. Für Sauggasanlagen ist mit Feinanthrazit „Nuß 4“ gerechnet worden, dessen Preis z. Zt.

ca. 18.— RM/t

ab Zeche beträgt. Als Durchschnittspreis, einschließlich Fracht, sind 28.— RM/t eingesetzt.

Die Preise für das Dieselmotorentreiböl sind ebenfalls schwankend. Zu diesen Rechnungen sind die Preise für Gasöl nach den Notierungen im Wirtschaftsteile der V.D.J.-Nachrichten benutzt. Danach kostet (am 1. 10. 1929) Gasöl in Kesselwagen, unverzollt, ab Hamburg

8.— RM/100 kg.

Der Zoll beträgt 1.80 RM/100 kg. Einschließlich Fracht ist deshalb mit einem Durchschnittspreis von

11.— RM/100 kg

bei Waggonbezug gerechnet. Es ist dabei angenommen, daß der Betriebsstoff für die Motoren von 50 PS an aufwärts in Kesselwagen bezogen wird, während für die kleineren Dieselmotoren Gasölbezug in Leihfässern vorgesehen ist. Als Durchschnittspreis ist dafür

13,50 RM/100 kg

franco Verwendungsort, einschließlich ermäßigtem Zoll zugrunde gelegt.

Der Betriebsstoff für die Leichtölmotoren ist mit

35.— RM/100 kg

eingesetzt.

Einheitliche Strompreise gibt es leider nicht, es ist daher nicht möglich, die Betriebskosten für die Elektromotoren so zu ermitteln, daß ein allgemein verwendbares Ergebnis erzielt wird. Da die meisten Elektrizitätsversorgungen mehr als einen Tarif haben, beträgt die Zahl der in Betracht kommenden Strompreise ein Mehrfaches von der Zahl der Elektrizitätswerke. Der Durchschnittspreis für Kraftstrom für Deutschland stellt sich auf ca. 23 Pfg/kWh.

Um daher eine allgemein brauchbare Basis zu gewinnen, sind für die Elektromotoren nur die festen Kosten nebst Bedienung usw., bezogen auf die Leistungseinheit, ermittelt. Setzt man diese festen Kosten von den gesamten Betriebskosten einer anderen Kraftmaschine ab, so erhält man die Beträge, die man für den zu beziehenden elektrischen Strom höchstens ausgeben darf, wenn der Betrieb mit Elektromotoren nicht teuerer werden soll als der Betrieb mit den zum Vergleich herangezogenen sonstigen Kraftmaschinen, also z. B. dem Dieselmotor.

Es war bereits erwähnt, daß die Form des Tarifes für die Kosten des elektrischen Betriebes ebenfalls besondere Bedeutung besitzt. Selbstverständlich können hier nicht alle vorkommenden Formen mit ihren zahlreichen Abwandlungen erörtert werden. Auf den Zählertarif beziehen sich in erster Linie die Feststellungen der gegebenenfalls zu zahlenden, eben erwähnten Höchstpreise. Daneben soll die andersartige Gestaltung der Grundgebührentarife erläutert werden. Zu diesem Zwecke ist folgender Tarif verwendet worden:

a) Grundgebührentarif.

kW	RM/kW		Monatl. Kosten		Jährliche Kosten	
	Monat	Jahr	pro Stufe RM	insges. RM	pro Stufe RM	insgesamt RM
1— 10	10,—	120	100	100	1 200	1 200
11— 20	9,50	114	95	195	1 140	2 340
21— 50	9,—	108	270	465	3 240	5 580
51— 60	9,—	108	90	555	1 080	6 660
61— 100	8,—	96	320	875	3 840	10 500
101— 500	7,—	84	2800	3675	33 600	44 100
501—1000	6,50	78	3250	6925	39 000	83 100
1001—2000	6,00	72	6000	12925	72 000	155 100

b) Arbeitsgebühr.

kWh	Rpfg für die kWh	RM pro Stufe	RM insgesamt
1— 10 000	7,0	700	700
10 001— 20 000	6,4	640	1 340
20 001— 30 000	5,8	580	1 920
30 001— 40 000	5,4	540	2 460
40 001— 50 000	5,0	500	2 960
50 001— 70 000	5,0	1000	3 960
70 001—100 000	4,8	1440	5 400
100 001—200 000	4,6	4600	10 000
200 001—300 000	4,2	4200	14 200
300 001—400 000	4,0	4000	18 200
400 001—500 000	3,8	3800	22 000
die weiteren	3,6		

Die unter b genannten Arbeitsgebühren gelten unter Zugrundelegung eines Kohlenpreises zwischen RM 23,81 und RM 24,—/t Ruhrfettkoks IV frachtfrei. Für jede angefangenen 20 Pfg, um die sich der vorgenannte Kohlenpreis jetzt über bzw. unter die genannten Preise erhöht oder erniedrigt, erhöhen oder erniedrigen sich die Arbeitsgebühren um 0,03 Rpfg.

Auch die Gaspreise sind bei den einzelnen Gaswerken sehr unterschiedlich. Der Einfachheit halber ist hier jedoch ein Gaspreis von 12 Pfg/m^3 für Kraftgas angenommen und der Rechnung zugrunde gelegt.

4. Schmiermaterial- und Putzmaterialverbrauch.

Bestes Motorenschmieröl kostet ca. 60.— bis 70.— RM/100 kg. Es gibt jedoch natürlich auch billigeres Öl, es dürfte sich aber empfehlen, das beste erreichbare Schmieröl zu verwenden, da der Verbrauch verhältnismäßig gering ist und das gebrauchte Öl gereinigt und wieder verwendet werden kann, auf der anderen Seite aber durch schlechtes Öl verursachte Störungen bezüglich ihrer direkten und indirekten Schäden sich erheblich teuerer stellen.

Für Putzmaterial rechnet man 10% des Aufwandes für Schmieröl. Demnach würde sich für Schmier- und Putzmaterial ein Gesamtpreis von 77.— RM/100 kg ergeben, der der Einfachheit halber auf 80.—RM/100 kg abgerundet worden ist.

5. Preise für Kühl- und Kesselwasser.

Dampfmaschinen und Verbrennungsmotoren gebrauchen zu ihrem Betriebe Wasser. Die ersteren für die Kesselspeisung, die letzteren zum Kühlen der Zylinder usw.

In vielen Fällen wird man das benötigte Wasser aus einem eigenen Brunnen kostenlos gewinnen. Eventuell muß man allerdings die geringfügigen Kosten für die Pumparbeit berücksichtigen, bei Dampfmaschinen auch die Kosten für die eventuelle Wasserreinigung. In Städten wird man, je nach den Wasserverhältnissen des Betriebsgrundstückes unter Umständen auch das Kühlwasser usw. der öffentlichen Wasserversorgung entnehmen. Die Gestehungskosten für das Kühlwasser sind demnach verschieden, fallen jedoch ebenfalls, bezogen auf die gesamten Betriebskosten nicht ins Gewicht. Um zu berücksichtigen, daß das Kühlwasser nicht in allen Fällen kostenlos zur Verfügung steht, ist für dasselbe ein Preis von 15 Pfg/m³ der Rechnung zugrundegelegt. Dieser Preis dürfte als guter Mittelpreis angesehen werden können.

6. Bedienung.

Die Ansprüche der einzelnen Maschinenarten an Bedienung sind natürlich verschieden. Eine Dampfmaschine gebraucht wegen der zu überwachenden Kesselfeuerung eine ständige Bedienung. Zur automatischen Kesselfeuerung greift man im allgemeinen nur bei größeren Anlagen, bei denen dann die Bedienung zwar eingeschränkt, aber auch nicht ganz vermieden wird. Die Ansprüche an Bedienung sind also bei der Dampfmaschine verhältnismäßig hoch.

Verbrennungsmotoren gebrauchen ebenfalls Bedienung, die jedoch bedeutend weniger Zeit beansprucht als die der Dampfmaschine. Sie erstreckt sich in der Hauptsache auf das Anlassen und Stillsetzen der Maschine, Schmieren und das Nachfüllen des Betriebsstoffes. Daneben ist die Maschine in den Betriebspausen zu reinigen und außerdem während des Betriebes im Nebenamt zu überwachen. Alle diese Arbeiten sind verhältnismäßig einfach und leicht zu erlernen, so daß es einer besonderen Schulung nicht bedarf. Leute, die über eine gewisse Geschicklichkeit verfügen, können auch die einfacheren Reparaturarbeiten, wie Düsen auswechseln, Ventile einschleifen usw., leicht und schnell erlernen.

Für Leichtölmotoren und Dieselmotoren bis 30 PS sind als Bedienungskosten 10% der Betriebsstundenzahl, für Dieselmotoren von 50—100 PS sind 20% und für die größeren 30% eingesetzt. Sauggasmotoren erfordern mehr Bedienung, weil hier der Generator wegen seiner Versorgung mit Brennstoff, wegen des Abschlackens und der Ascheentfernung usw. größere Anforderungen stellt, soweit nicht automatische Beschickung usw. angewandt wird. Es sind 30% der Betriebsstundenzahl als Bedienungskosten gerechnet worden. Bei den Gas- und Elektromotoren fällt die Versorgung mit Brennstoff weg. Dadurch ermäßigen sich die Bedienungskosten ebenfalls. Für den Gasmotor sind 8% zugrundegelegt, während für den Elektromotor 5% eingesetzt sind, und zwar sind hier die Kosten für Zählermiete, Sicherungs- und Bürstenersatz usw. eingerechnet worden. Als Stundenlohn ist in allen Fällen der Satz von 1.— RM/h zugrundegelegt.

7. Kapitalkosten.

Die Anlagekosten sind nach den Angaben einer Anzahl von Fabriken ermittelt und als Durchschnittspreise anzusehen. Diese Beschaffungspreise sind in den Tabellen 4—9, Abb. 57—62, zusammengestellt. Die Preise für alle Maschinen enthalten sämtliche Zubehör- und Nebenteile. Bei den Elektromotoren sind die Verbindungsleitungen zwischen den Apparaten und den Motoren nebst 5 m Zuleitung gerechnet. Umfangreichere Leitungsanlagen sind unberücksichtigt geblieben. Die Frachten basieren auf einem Stückgutsatz von 4.— RM/100 kg, entsprechend einer Entfernung von 200 bis 250 km. Für größere Maschinen, für die Waggonversand in Betracht kommt, ermäßigt sich naturgemäß dieser Satz entsprechend.

Es muß hier darauf hingewiesen werden, daß bei den Betriebskostenberechnungen immer nur eine Maschine vorgesehen ist, während die Aufstellung einer Reserve unberücksichtigt geblieben ist. Man kann bezüglich der Notwendigkeit solcher Reserven verschiedener Meinung sein. Die Erfahrungen haben gezeigt, daß z. B. ältere Dampfanlagen jahrzehntelang mit einer einzigen Maschine ohne Störung gearbeitet haben. Ebenso hat sich herausgestellt, daß die Betriebssicherheit eines modernen Dieselmotors derartig hoch ist, daß eine Reserve unnötig wird, wenigstens für normale Betriebe. Die notwendigen Überholungsarbeiten, Reinigen der Ventile und Düsen usw., können dann in größeren Betriebspausen, z. B. während des Sonntags ausgeführt, und so Betriebsstörungen vermieden werden. Betriebe von besonderer Bedeutung, z. B. Elektrizitätswerke usw. müssen natürlich eine Reserve aufstellen, wie sie das bei Dampfanlagen ebenfalls zu tun gewohnt sind.

Die Betriebssicherheit der größeren Sauggasmotoren ist ebenfalls so hoch, das man für normale Betriebe im allgemeinen ohne Reserve auskommen wird.

Recht unangenehm haben sich die Störungen in der Elektrizitätsversorgung bemerkbar gemacht, die besonders bei den Überlandversorgungen recht zahlreich sind und mancherlei Ursachen haben. Nun haben zwar diese Störungen meistens keine allzu lange Dauer, wirken jedoch trotzdem schädigend genug, so daß man auch der Elektrizitätsversorgung eine größere Betriebssicherheit nicht zuschreiben kann. Es hat sich häufig als notwendig herausgestellt, daß Betriebe, die auf besonders große Betriebssicherheit Wert legen müssen, z. B. Krankenhäuser, Warenhäuser (bezüglich der Beleuchtung) oder Druckereien, sich als Reserve für das Elektrizitäts- oder Überlandwerk einen Dieselmotor oder dergleichen aufgestellt haben.

Wenn auch die Elektrizitätswerke es zur Zeit nach Möglichkeit ablehnen, einem Kraftverbraucher elektrische Arbeit zu liefern, der sich neben dem Strombezug von ihnen noch anderer Kraftmaschinen bedient, so muß man doch im Interesse der Wirtschaft hoffen, daß die Elektrizitätswerke in ihrem eigenen Interesse möglichst bald von dieser Art des Konkurrenzkampfes abkommen.

Es ist natürlich ohne weiteres klar, daß ein Betrieb wegen der höheren Anschaffungskosten auch mit höheren Betriebskosten zu arbeiten gezwungen ist, wenn er zur unbedingten Sicherstellung eine Reservemaschine aufstellen muß, was allerdings nur in seltenen Fällen notwendig wird. Eine vernünftige Wartung kann die Betriebssicherheit sehr wesentlich erhöhen.

Über die Höhe der Beträge, welche für Verzinsung und Abschreibung des Anlagekapitals einzusetzen sind, herrscht ein lebhafter Streit. Dabei kann man in verhältnismäßig einfacher Weise ermitteln, ob sich die Anschaffung einer Eigenanlage lohnt. Rechnet man nämlich nur die Betriebsmittelkosten, also die Ausgaben für Brennstoff, Schmieröl und Putzmaterial aus, und stellt sie den Kosten für elektrischen Strom gegenüber, berechnet, wieviel auf die kWh oder PSh bezogen, bei der einen oder anderen Kraftmaschinenart erspart wird, so kann man leicht feststellen, innerhalb welcher Zeit der bei der Anschaffung aufzuwendende Mehrpreis für den Verbrennungsmotor aus den Ersparnissen gedeckt wird. Man gewinnt auf diese verhältnismäßig sehr einfache Weise ein sehr gutes Kriterium über die Zweckmäßigkeit seiner Absichten. Gelingt es, die Mehrkosten bei der Anschaffung aus den Ersparnissen im Betrieb in ein bis mehreren Jahren abzudecken, so wird im allgemeinen die Anschaffung einer Eigenanlage zu empfehlen sein, ohne daß man deshalb schwierigere Überlegungen bezüglich der Höhe der Zinsen und Abschreibungen aufzuwenden braucht.

Die hier vorgenommenen Betriebskostenberechnungen sind jedoch nach dem üblichen Verfahren aufgestellt worden. Es sollen deshalb zunächst die einzelnen Kostenelemente erörtert werden.

Verzinsung. Der heutige Zinssatz hat sich gegenüber dem vor einigen Jahren bereits wesentlich befestigt und ermäßigt. Er ist jedoch noch immer schwankend und im Zusammenhang mit der allgemeinen Wirtschaftslage verhältnismäßig hoch. Man kann mit Sicherheit annehmen, daß bei weiterer Befestigung des Wirtschaftslebens der Zinssatz, der zur Zeit bei ordnungsgemäßer Geldbeschaffung ungefähr 10% beträgt, sich weiter ermäßigt.

Bezüglich der Höhe des Zinssatzes ist weiter zu beachten, daß die Zinsen immer vom Anfangskapital gerechnet werden, welches sich jedoch im Laufe der Zeit durch die Abschreibung fortgesetzt ermäßigt. Berücksichtigt man das, so würde man mit der Hälfte der Zinsen auskommen, es würde also ein Zinssatz von 5% ausreichend sein. Bei den hier vorliegenden Berechnungen wurde ein Zinssatz von 6% zugrunde gelegt.

A b s c h r e i b u n g. Die Höhe des jährlich für die Abschreibung zurückzustellenden Betrages richtet sich nach der Lebensdauer des Motors. Diese hängt von der Ausnutzung desselben ab. Man muß also bei einem Motor, der im Dauerbetrieb läuft, höhere Abschreibungssätze als bei geringerer Betriebsdauer berechnen.

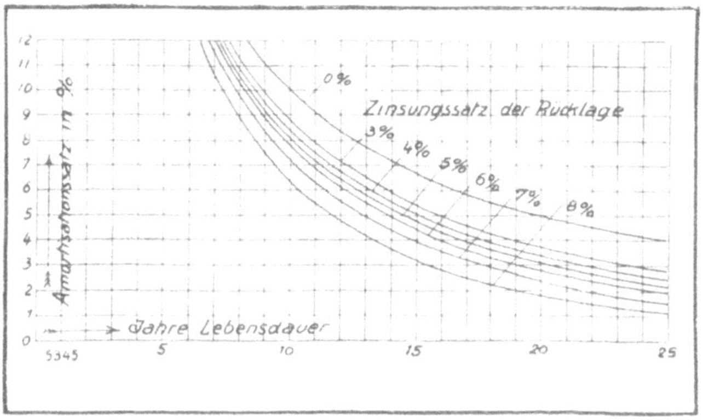

Abb. 53. Amortisationssätze unter Berücksichtigung der Verzinsung der abgeschriebenen Beträge.

Nach den bisherigen Erfahrungen besitzen die Dieselmotoren eine sehr lange Lebensdauer. Zeiten von 20—25 Jahren sind sehr häufig. Es sind auch Fälle bekannt geworden, in denen die Motoren sich noch länger im Betrieb befinden. Es wird in diesem Zusammenhang besonders auf die Veröffentlichungen des Vereins deutscher Ingenieure hingewiesen. Bei täglich 8—10 Stunden Betrieb kann man erfahrungsgemäß mit einer Lebensdauer von mindestens 15 Jahren rechnen. Man muß nun, wenn man diese Lebensdauer zugrunde legt, sich vor dem Fehler hüten, daß man einfach die gesamte abzuschreibende Summe von 100% durch die Lebensdauer dividiert, wobei man im vorliegenden Falle auf 100 : 15 = rd. $7^1/_2$% kommen würde. Diese Rechnung ist unrichtig, da jeder vernünftig wirtschaftende Betriebsleiter die zurückgestellten Beträge selbstverständlich zinsbar anlegen wird, sei es im eigenen Betrieb, sei es auf der Bank oder Sparkasse usw. Um daher das gesamte Anschaffungskapital nach Ablauf der angenommenen Lebensdauer wieder voll verfügbar zu haben, muß man die Zinsen der jährlichen Raten von den Abschreibungen absetzen. Diese ermäßigen sich deshalb entsprechend, und zwar um so mehr, je höher die Zinsen sind. Das Bild Nr. 53 zeigt durch die dargestellten Kurven, wie sich bei den verschiedenen Zinssätzen und Lebensdauern die tatsächlichen Amortisationssätze ergeben, z. B. bei einem Zinssatz von 7% und einer Lebensdauer von 15 Jahren macht die Abschreibung 4% aus.

Den hier durchgeführten Rechnungen liegen folgende Abschreibungssätze zugrunde:

Für	250—500	Betriebsstunden	im	Jahr	4%
,,	1000—1500	,,	,,	,,	$5^1/_2$%
,,	2000—4000	,,	,,	,,	7%
,,	5000 und mehr	,,	,,	,,	$9^1/_2$%

In Übereinstimmung mit der ernsthaften Fachliteratur sind für die Elektromotoren die gleichen Sätze angewandt worden, da erfahrungsgemäß die Lebensdauer der Elektromotoren nicht höher ist als die anderer moderner Kraftmaschinen.

Für die Instandhaltung sind durchweg für alle Maschinen 2 v. H. gerechnet worden. Man wird zwar, besonders bei ordentlicher Wartung im allgemeinen mit geringeren Beträgen auskommen. In der Fachliteratur findet man Sätze von $^1/_2$—2%. Da jedoch auch beim Zusammentreffen unglücklicher Zufälle größere Reparaturen vorkommen können, ist zur Vorsicht mit dem höchsten Satz von 2% gerechnet worden.

VI. Kosten-Vergleiche.

Unter Verwendung der vorstehend errechneten Kostenelemente sind nun die Betriebskosten für die Motorengrößen unter 1 (S. 62, 63) und die Betriebszeiten und Belastungen unter 2 (S. 70 u. 71) errechnet.

Zunächst sind die Kosten ermittelt worden für die von den Kraftmaschinen geleistete mechanische Arbeit. Die Einheit der mechanischen Arbeit ist die kWh, gemessen an der Welle des Motors. Diese Größe darf nicht mit der Einheit der elektrischen Arbeit, bezogen vom Elektrizitätswerk, verwechselt werden. Die beiden gleichbenannten Größen differieren um den Wirkungsgrad der Elektromotoren.

Es kommt jedoch, besonders bei größeren Maschinen, verhältnismäßig selten vor, daß die gesamte Motorenleistung mechanisch auf eine Arbeitsmaschine übertragen wird. In den allermeisten Fällen wird man vielmehr eine Verteilung der geleisteten Arbeit auf mehrere Verbraucher vornehmen müssen. Die mechanische Übertragung durch Transmissionen und Riemen ist bei den umfangreicheren Anlagen im allgemeinen mit großen Verlusten verbunden, so daß man heute in den meisten Fällen zu elektrischer Kraftübertragung greift. Als Zwischenfall wäre noch zu erwähnen, daß ein Teil der von der Kraftmaschine geleisteten Arbeit mechanisch und der Rest elektrisch übertragen wird. Es würde jedoch zu weit führen, alle Möglichkeiten, die sich ergeben können, hier zu berücksichtigen. Als Gegenstück zu dem erwähnten Vergleich der Kosten für die elektrische Arbeit sind nur noch für die Maschinen von 50 PS an aufwärts die Betriebskosten für die gleichen Fälle errechnet, jedoch unter der Voraussetzung, daß die gesamte Motorenleistung in Elektrizität umgeformt wird. Die Motoren sind also mit Stromerzeugern ausreichender Größe verbunden. Die Angaben beziehen sich auf die abgegebene elektrische Arbeit in kWh.

Die Resultate der Rechnungen sind in den Tabellen zusammengestellt.

Bei der zweiten Rechnungsgruppe sind dann von den bei der Eigenerzeugung entstehenden Stromkosten die festen Kosten bei Strombezug, und zwar für Niederspannung abgesetzt. Da bei den Rechnungen nur die Leistungen von 50 PS und darüber berücksichtigt sind, ist in allen Fällen die Lieferung von Hochspannung angenommen, die auf die Gebrauchsspannung umgeformt werden muß. Die abzusetzenden Beträge für feste Kosten beziehen sich auf die notwendigen Transformatorenstationen nebst den dazugehörigen Schaltanlagen und sonstigen Einrichtungen. Auch hier ergeben sich so die Höchstpreise, die man für den elektrischen Strom höchstens ausgeben kann, wenn der Betrieb bei Strombezug nicht teuerer werden soll als bei Eigenerzeugung der Kraft.

Die Bedienungskosten für die Elektromotoren enthalten die Kosten für das notwendige Kleinmaterial, wie Kohlenbürsten, Sicherungsersatz, Zählermiete usw. Für die Wirkungsgrade der Elektromotoren sind folgende Werte zugrunde gelegt:

2	PS	1/1	3/4	1/2	Last
4	,,	81	77	69	
6,5	,,	83	79	71,5	
11	,,	84	80	74	
20	,,	86,5	83	76	
30	,,	87,5	84	77	
55	,,	89	86	80	
55	,,	84,5	82	76	mit Transformatoren
110	,,	90,5	88,5	83	,, ,,
340	,,	93	91	87,5	mit Transformatoren
550	,, 1 Motor	94	92	90	,, ,,
550	,, mehr. Motoren	90	87,5	81	,, ,,
550	,, viele Motoren	83	81,5	74	,, ,,

In vielen Fällen wird sich nun die Eigenerzeugung von elektrischer Arbeit nicht nur auf die Krafterzeugung beschränken, sondern man wird auch den für die Beleuchtung notwendigen Strom selbst herstellen. In größeren Verhältnissen kommt man dann der Arbeitsweise von Elektrizitätswerken insofern nahe, als der Lichtbedarf Schwankungen in der Ausnutzung der Maschinenanlagen hervorruft. Um diese Unterschiede auszugleichen, ferner um die Stromlieferung zu ermöglichen, wenn die Kraftmaschinen nicht laufen, und zur Schaffung einer Reserve, wird man bei gleichzeitigem Licht- und Kraftbedarf in den meisten Fällen eine Akkumulatorenbatterie aufstellen.

Um auch bezüglich der Betriebskosten für diese Betriebsverhältnisse einen Anhalt zu geben, sind nachstehend noch die Betriebskosten ermittelt für die Anlagen von 100, 300, 500, 700, 1100 und 1450 PS bei Verwendung einer Batterie unter der Voraussetzung, daß 10% der Maschinenleistung für Beleuchtungszwecke in Anspruch genommen werden.

Die Kosten für die Erzeugung des Stromes selbst sind bereits in den Tabellen 15 u. 19 enthalten. Es brauchen daher nur die Mehrkosten für den Teil der elektrischen Arbeit errrechnet zu werden, der aus der Batterie entnommen wird. Diese Kosten setzen sich zusammen aus den festen Kosten für die Anschaffung und Unterhaltung der Batterie und den Strompreisen zuzüglich der Verluste. Der Einfachheit halber sind mittlere Strompreise für eine Betriebsdauer von 3000 Stunden/Jahr zugrunde gelegt.. Nach der

Statistik wird diese Benutzungsdauer in den meisten Eigenanlagen erreicht, vielfach auch beträchtlich überschritten. Die Werte sind nachstehend zusammengestellt:

Leistung der Batterie . . .	kW	8	24	40	47,5	79	106
Preis per	kW	490	360	350	338	330	320
Feste Kosten	RM	98,—	72,—	70,—	67,6	66,—	64,—
Feste Kosten 20% der Anschaffungskosten.							
Kosten in Pfg/kWh bei einer Benutzungsdauer von 250 Std.							
Stromkosten	Pfg	39,2	28,8	28	27	26,40	25,60
500 Stunden Stromkosten	Pfg	19,6	14,4	14	13,5	13,2	12,8
1000 Stunden Stromkosten	Pfg	9,8	7,2	7,—	6,76	6,6	6,4
1500 Stunden Stromkosten	Pfg	6,5	4,8	4,65	4,5	4,4	4,26

Schließlich sind dann die gesamten Betriebskosten für die Elektromotoren festgestellt unter Zugrundelegung des erwähnten Grundgebührentarifes, den man als mittleren Tarif ansprechen kann.

Die Rechnungsresultate sind neben der Zusammenstellung in den Tabellen dann zur besseren Übersicht in den Kurventafeln graphisch dargestellt.

VII. Abwärme-Verwertung.

Bei allen Wärmekraftmaschinen geht ein großer Teil des in den verbrauchten Brennstoffen enthaltenen Heizwertes verloren. Die Hauptverlustquellen sind bei Dampfmaschinen die Abgase der Feuerung, die durch den Schornstein entweichen und der Abdampf, der nach seiner Entspannung den Zylinder verläßt. Bei den Verbrennungskraftmaschinen, den Gas-, Benzin- und Dieselmotoren geht die nicht ausgenutzte Wärme mit dem Kühlwasser und in den Auspuffgasen verloren. Es ist nun möglich, durch nutzbringende Verwendung des größten Teiles dieser verloren gehenden Wärme den Wirkungsgrad einer solchen Wärmekraftanlage in größerem Umfange zu verbessern, als dieses durch Verbesserung der Konstruktion möglich ist. Je nach der Art der verschiedenen Kraftmaschinen sind diese Abwärme-Wiedergewinnungs-Einrichtungen naturgemäß verschieden.

Besonders wichtig ist die Abwärmeverwertung bei den Dampfmaschinen. Ja, man kann sagen, daß die Abwärmeverwertung in erster Linie die Existenzberechtigung für die Dampfmaschinen schafft. Man wird bei reiner Krafterzeugung heute meist nicht mehr zu Dampfmaschinen greifen, da diese sich wegen des großen Raumbedarfes und der notwendigen Kessel und sonstigen Hilfseinrichtungen verhältnismäßig teuer stellen.

Die im Abdampf anfallende Abwärme muß bei reiner Krafterzeugung im Kondensator vernichtet werden. Dadurch geht der größte Teil der in den Brennstoffen enthaltenen Energie verloren. Wegen der besseren Wärmeökonomie, der geringeren Anschaffungs- und Betriebskosten wird man in diesen Fällen reinen Kraftbedarfes bei Eigenerzeugung meist zu einem Dieselmotor greifen. Besteht jedoch neben dem Kraftbedarf gleichzeitig Bedarf an Wärme, so bieten in vielen Fällen gerade die Dampfmaschinen außerordentlich günstige Möglichkeiten der gleichzeitigen Deckung des Kraft- und Wärmebedarfes. Kann man ständig den gesamten Abdampf für die Wärmeerzeugung verbrauchen — der günstigste Fall —, so entstehen außerordentlich geringe Betriebsmittelkosten für die Krafterzeugung. Der Brennstoffmehraufwand dafür beträgt nur ca. 3—5%. Dieser günstigste Fall für die Abwärmeverwertung ist jedoch nur verhältnismäßig selten. Meistens werden die Verhältnisse so liegen, daß ein Mehr- oder Minderbedarf an Nutzwärme vorhanden ist. Es bedarf dann sehr genauer Überlegungen, wie dieser Zuschußbedarf an Wärme gedeckt werden kann, bzw. wie man den Überschuß an Abwärme nutzbringend

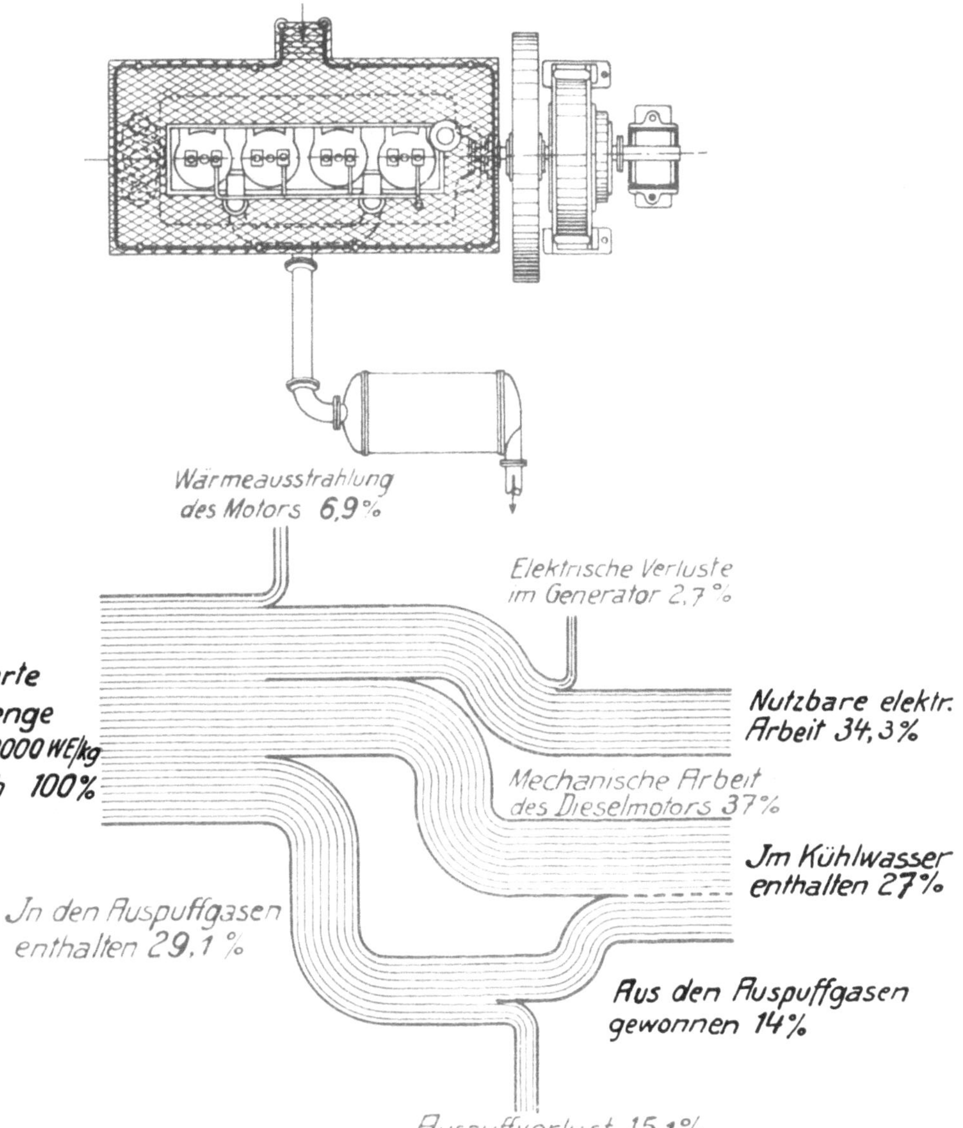

Abb. 84. Uebersicht über die Wärmeausnutzung in einem Dieselmotor.

verwenden kann. Die Wichtigkeit dieses Problems ist heute leider kaum ausreichend bekannt. Bei den Elektrizitätswerken z. B. findet man noch fast ausschließlich Kondensationsbetriebe, vernichtet also noch immer den größten Teil der in der Kohle enthaltenen Wärme, während man häufig, besonders bei städtischen Elektrizitätswerken diese Wärme viel nutzbringender verwenden könnte. Allerdings wird dazu vielfach die Festlegung größerer Kapitalien notwendig. Übersteigt der Wärmebedarf den Anfall an Abwärme, so muß man Wärme zusetzen. Bei Dampfanlagen geschieht dieses entweder durch Zusatz von Frischdampf aus dem Kessel, bei Mehrzylindermaschinen jedoch meist durch Verwendung von Anzapfdampf, also solchem Dampf, den man bereits in der Maschine mehr oder weniger entspannt hat, dem man also bereits einen Teil seines Arbeitsvermögens entzogen hat.

Die Verhältnisse bei den Dampfanlagen sind jedoch derartig vielseitig und zum Teil auch kompliziert, daß es den Rahmen dieser Schrift erheblich übersteigen würde, ausführlich darauf einzugehen. Es soll deshalb mit der Erwähnung der Umstände sein Bewenden haben, um so mehr, als auch sonst, worauf bereits weiter vorn hingewiesen wurde, die Dampfanlagen außerhalb der Betrachtung geblieben sind.

Die Dampfmaschine besitzt, worauf noch zum Schluß hinzuweisen ist, für die Wärmelieferung die größte Elastizität.

Auch bei den Verbrennungsmotoren, den Diesel- und Gasmotoren, läßt sich der Wirkungsgrad durch die Nutzbarmachung der in den Auspuffgasen und dem Kühlwasser enthaltenen Wärme verbessern. Die zur Verfügung stehende Wärmemenge ist allerdings beschränkt und von der Motorenleistung abhängig. Man kann sich hier nicht in der bequemen Weise wie bei der Dampfmaschine durch Zusatz von Anzapf- und Frischdampf helfen.

Da auch bei diesen Maschinen selten Anfall und Bedarf an Wärme sich gleichen, wird man hier meist noch einen besonderen Heizkessel für den Mehrbedarf aufstellen. Die Bilder 54, 55 geben eine Übersicht über die Ausnutzung der in den Brennstoffen enthaltenen Wärme und die Wiedergewinnungsmöglichkeiten der Abwärme für Verbrennungskraftmaschinen.

Durch Abwärmeverwertung läßt sich bei den Wärmekraftmaschinen der Wirkungsgrad bis auf ca. 70—80% erhöhen. Die graphische Darstellung, Abb. Nr. 56 zeigt, in welchem Umfang bei den verschiedenen Kraftmaschinenarten die Abwärme gewonnen werden kann. Es sind gegenübergestellt: Verschiedene Lokomobilbauarten, sowie Sauggas- und Rohölmaschinen. In dieser Darstellung bezeichnet A die in mechanische Arbeit umgewandelte Wärme, B die Verluste durch Reibung, C Kesselverlust durch Leitung, Strahlung, unvollkommene Verbrennung, D Verlust in den Kessel-

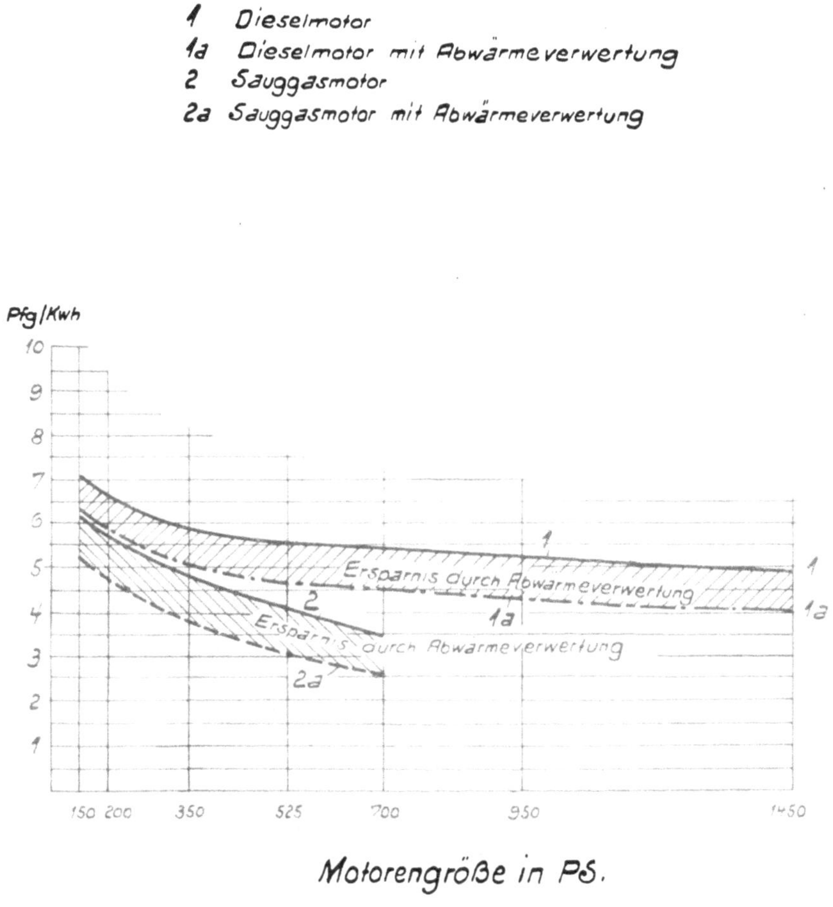

Abb. 55.
Ersparnis durch Abwärmeverwertung.

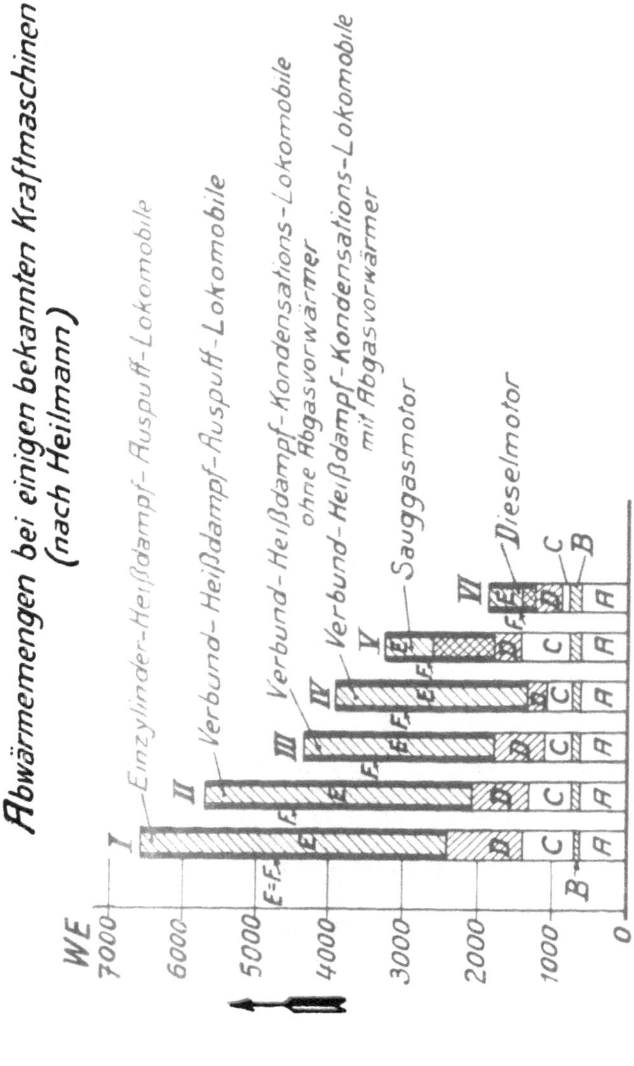
Abwärmemengen bei einigen bekannten Kraftmaschinen
(nach Heilmann)
I Einzylinder-Heißdampf-Auspuff-Lokomobile
II Verbund-Heißdampf-Auspuff-Lokomobile
III Verbund-Heißdampf-Kondensations-Lokomobile ohne Abgasvorwärmer
IV Verbund-Heißdampf-Kondensations-Lokomobile mit Abgasvorwärmer
V Sauggasmotor
VI Dieselmotor
WE
7000
6000
5000
4000
3000
2000
1000
0
E=F
A
B
C
D
E
F

Abb. 56.

abgasen bzw. Auspuffgasen, E der Wärmeverlust im Abdampf bzw. im Kühlwasser, F die gesamte ausnutzbare Abwärme.

Bei den Verbrennungskraftmaschinen sind durch Abkühlung der Auspuffgase auf 150—200° rund $^2/_3$ der Wärme derselben ausnutzbar.

Wichtig für die Verwendung der Abwärme ist dann die Temperatur des Wärmeträgers, also z. B. des Abdampfes oder der Auspuffgase etc. Die Auspuffgase der Verbrennungskraftmaschinen haben im allgemeinen eine Temperatur von 400—500°, das Kühlwasser dagegen meist 70—80°. Unangenehm ist, daß die Auspuffgase Öl, schwefelige Säure usw. enthalten. Sie können deshalb und wegen ihrer hohen Temperatur nicht in die Heizkörper oder Trockenapparate eingeführt werden. Die Heizkörper würden eine für ihre Umgebung gefährliche Temperatur annehmen. Man bedient sich deshalb zur Verwertung der Abgase besonderer Umformer, in denen die Auspuffgase abgekühlt werden, und zwar meistens bis auf 150°.

Das Höchstmaß an Abwärmeausbeutung erzielt man, wenn man die Auspuffgase benutzt, um das Kühlwasser weiter zu erwärmen. Man gewinnt dann ungefähr 75% der Abwärme des Motors in Form von heißem Wasser.

Bei der Abwärmeverwertung von Verbrennungsmotoren wird man in den meisten Fällen nicht ohne einen Hilfswärmeerzeuger auskommen. Um den eventuellen Mehrbedarf an Wärme zu befriedigen, und um auch die notwendig werdende Wärme erzeugen zu können, wenn der Motor aus irgendeinem Grund nicht läuft, stellt man meist noch einen Heizkessel auf.

Will man nun die Wirtschaftlichkeit der Abwärmeverwertung nachprüfen, so muß man feststellen, wieviel Brennstoff für den Betrieb einer Kraftmaschine nötig ist, nachdem die für die Heizungs- und Fabrikationszwecke benötigten Wärmemengen abgezogen sind. Diese Rechnungsform kann jedoch hier nicht durchgeführt werden, da ein bestimmter Betriebsfall ja nicht zur Untersuchung steht. Bei den Verbrennungskraftmaschinen tritt außerdem bei Wegfall der Abwärmeverwertung kein Minderverbrauch an Brennstoff ein. Es soll deshalb, um einen Anhalt für die Vorteile der Abwärmeverwertung zu geben, festgestellt werden, wieviel Abwärme pro Leistungseinheit gewonnen werden kann. Weiter ist dann errechnet, was diese Wärme kosten würde, wenn sie in einem normalen Wärmekessel durch Verbrennung von Koks erzeugt werden müßte. Daraus ergibt sich dann, um wieviel sich die Gestehungskosten durch Abwärmeverwertung ermäßigen lassen.

Bei Leistungen unter 100 PS ist im allgemeinen bei Dieselmotoren ein nennenswerter Vorteil mit der Abwärmeverwertung nicht verbunden, da die Anschaffungskosten für den Abwärmeverwerter, die an und für sich, verhältnismäßig gering sind, zusammen mit der notwendig werdenden

Zusatzheizanlage meist doch einen höheren Kapitaldienst erfordern als Ersparnismöglichkeiten an Abwärme vorhanden sind.

Bei einem Dieselmotor von 100 PS an aufwärts werden bei Vollast ungefähr 170 g Brennstoff von 10000 WE für jede PSh verbraucht. Es sind also rund 1700 WE je PSh aufzuwenden. Davon werden im Dieselmotor 633 WE in mechanische Arbeit umgesetzt. Abzüglich der sonstigen Wärmeverluste im Motor durch Strahlung usw. gehen also rund 900 WE/PSh. verloren. Diese befinden sich ungefähr je zur Hälfte im Kühlwasser und in den Auspuffgasen. Werden diese benutzt, um das Kühlwasser weiter zu erwärmen, können ungefähr rund 650 WE gewonnen werden.

Will man diese Wärmemenge in einem besonderen Heizkessel erzeugen, so sind, wenn man Gaskoks von 6800 WE verwendet und den Wirkungsgrad der Feuerung mit 0,7 annimmt, $\frac{650}{6800 \cdot 07,} = 0{,}14$ kg Gaskoks nötig. Bei einem Gaskokspreis von RM 40.—/t ergibt dieses einen Betrag von 0,56 Pfg/PSh. Das entspricht einem Wert von 0,76 Pfg/kWh.

Bei einem Sauggasmotor ist der Anfall an Abwärme größer. Ein Sauggasmotor verbraucht ungefähr 2200 WE/PSh. Davon werden ebenfalls 633 WE in mechanische Arbeit umgesetzt. Es stehen also rund 1500 WE zur Verfügung. Auch diese können unter der gleichen Voraussetzung wie beim Dieselmotor zu $^3/_1$ nutzbar gemacht werden, man kann somit 1100 WE für andere Zwecke verwerten. Unter der gleichen Voraussetzung wie oben entsprechen diese 0,23 kg Gaskoks einem Wert von 0,92 Pfg/PSh oder 1,25 Pfg/kWh.

Als besonders wichtig ist dann zum Schluß noch darauf hinzuweisen, daß die Sauggasanlagen für solche Betriebe, die Wärme hoher Hitzegrade verbrauchen, z. B. zum Brennen, wie Ziegeleien, keramische Fabriken, Glashütten, oder zum Sengen, wie Tuchappreturanstalten und viele Betriebe der Metallindustrie, zum Glühen u. Löten usw., für Emaillierwerke, eine außerordentlich günstige und billige Heizgasquelle sind. Der Kubikmeter Generatorgas stellt sich auf ca. 1 Pfg. Sein Heizwert ist ungefähr 1200 WE/m³. Würde man diesen Preis auf Leuchtgas umrechnen, welches in der Nachkriegszeit mit ungefähr 3000—3500 WE/m³ geliefert wird, so würde man dafür auf einen Preis von $2^1/_2$—3 Pfg. kommen. Es gibt bis jetzt wohl kein Gaswerk, welches selbst bei sehr großen Abnahmen sein Gas zu diesen Preisen hergibt. Außerdem kommt hinzu, daß man minderwertige Brennstoffe und Holzabfälle zur Gaserzeugung nutzbar machen kann, wobei sich dann die Erzeugungskosten für das Gas noch weiter ermäßigen.

VIII. Mittlere Anschaffungskosten.

Tabelle 4—9. Abb. 57—62.

Leistung PS - KW	2 - 1,5	4 - 3	6 - 4,5	10 - 7,5
Ausführung	liegend viertakt	liegend viertakt	liegend viertakt	liegend viertakt
Drehzahl in der Minute	1200	1200	700	600
Brennstoffverbrauch g/PSe h Vollast	300	290	270	270
3/4 Last	330	320	300	300
1/2 Last	370	360	335	335
Schmieroel g/PSe h	5	5	5	5
Kühlwasser l/PSe h vorgesehen Verdampfungs Kühlung	1·5	1·5	1·5	1·5
Preis des Motors einschl. der normalen Nebenteile Verpackung u. Fracht bei einem Frachtsatz von 4,- RM/100 kg Fundamente Montage einschl. Probebetrieb				
Summe RM	780.-	913.-	1202.-	1915.-

Abb. 57. Tab. 4. Leichtölmotoren.

Leistung PS - KW	2 - 1.5	4 - 3	6 - 4.5	10 - 7.5	20 - 15	30 - 22.5
Ausführung	liegend Viertakt	liegend Viertakt	liegend Viertakt	liegend Viertakt	liegend Viertakt	liegend Viertakt
Drehzahl in der Minute	1200	1200	700	600	450	350
Gasverbrauch l/PSh						
Vollast	650	640	580	560	500	480
3/4 Last	710	700	640	610	550	530
1/2 Last	780	770	700	670	610	590
Schmieroelverbrauch g/PSh	5	5	5	5	5	5
Kühlwasser l/PSh bei Durchflußkühlung	20	20	20	20	20	20
Preis des Motors einschl der normalen Nebenteile Verpackung und Fracht bei einem Frachtsatz von 4 RM/100 kg Fundamente Montage einschl Probebetrieb Summe RM	780.-	913.-	1202.-	1915.-	3650.-	5500.-

Leistung PS - kW	10 - 7.5	20 - 15	30 - 22	50 - 37	100 - 75	100 - 75	330 - 244	525 - 387	1100 - 810	1450 - 1070
Ausführung	liegend viertakt	liegend viertakt	liegend zweitakt	stehend zweitakt	stehend zweitakt	stehend viertakt	stehend viertakt	stehend viertakt	stehend viertakt	stehend viertakt
Drehzahl in der Minute	500	400	450	430	430	300	300	250	215	215
Brennstoffverbrauch:										
g/PSe h Vollast	225	220	220	200	200	180	180	180	180	180
g/PSe h 3/4 Last	235	230	230	210	210	190	190	190	190	190
g/PSe h 1/2 Last	260	250	250	230	230	210	210	210	210	210
Schmieroel g/PSe h	5	5	8	8	6	2.5	2	2	2	2
Kühlwasser l/PSe h	12	12	15	15	13	12	12	12	12	12
Preis des Motors einschl. der normalen Nebenteile Verpackung und Fracht bei einem Frachtsatz von 4,- RM/100 kg Fundamente Montage einschl. Probebetrieb										
Summe RM	2650.-	4780.-	6350.-	8000.-	15600.-	23000.-	53400.-	85000.-	160000.-	210000.-

Leistung PS - KW	20 - 15	28 - 20·6	55 - 40	110 - 80	330 - 244	525 - 387	700 - 515
Ausführung	liegend Viertakt	liegend Viertakt	liegend Viertakt	liegend Viertakt	liegend Viertakt	liegend Viertakt	liegend Viertakt
Drehzahl in der Minute	400	375	275	275	230	180	215
Verbrauch Anthrazit 8000 WE							
g / PSeh Vollast	400	500	450	400	400	400	380
g / PSeh 3/4 Last	545	545	490	435	435	435	415
g / PSeh 1/2 Last	670	670	600	535	535	535	500
Schmieroel g/ PSeh	5	5	2·2	2·2	2	2	2
Kühlwasser l/ PSeh	35	35	32	32	32	32	32
Preis des Motors einschl. der normalen Nebenteile RM	4140.-	4470,-	9900,-	16700.-	41000.-	60500.-	
Preis der Gaserei RM	1610,-	1610.-	1870,-	2800,-	10000.-	25000.-	98000.-
Verpackung und Fracht bei einem Frachtsatz von 4,- RM/100 kg RM	220,-	260,-	330,-	470.-	1500,-	2800.-	3500.-
Fundamente	180,-	240,-	300,-	750.-	2000.-	3400.-	4000.-
Montage einschl. Probebetrieb RM	450,-	450,-	800,-	1500,-	2000.-	2800.-	4000.-
Summe RM	6600,-	7330,-	13200.-	22220,-	56500.-	94500,-	110000.-

Leistung PS - KW.	2 - 1½	4.5 - 3.3	6.5 - 4.8	11 - 8	20 - 15	30 - 22	55 - 40	110 - 80	340 - 250	550 - 400	Mehrere Motoren von 550 - 400	Mehrere Motoren von 550 - 400
Ausführung	Kurzschlußanker	Kurzschlußanker	Schleifringanker	Schleifringanker	Schleifringanker	Schleifringanker	Schleifringanker	Schleifringanker	Schleifringanker	Schleifringanker	2 Motoren v. 100 PS 7 " 50 "	36 Motoren 1 " 50 PS 5 " 30 " 10 " 20 " 10 " 11 " 10 " 4.5 "
Drehzahl in der Minute	1500	1500	1500	1500	1000	1000	750	750	750	750		
Verbrauch	1.85	3,98	5,8	9.55	17.35	25.2	45	88.5	269	435	445	479
Wirkungsgrad bei Vollast %	81	83	83	84	86.5	87.5	89	90.5	93	94	90	bei Vollast 85%
Preis des Motors der Spannschienen, Anlaßapparate, Schalttafel und der Zuleitung Fracht und Verpackung Fundamente Montage — Summe RM	320.–	400.–	740.–	970.–	1700.–	2140.–	3670.–	5860.–	17500.–	19000.–	43180.–	44990.–
Preis der Umspannungsanlage einschl. Transformator, Oelschalter, Schaltanlage und Hochspannungszähler Anteil an der Hochspannungsleitung Summe RM							10200.–	11000.–	19300.–	21300.–	32400.–	32400.–
Gesamtsumme RM							13865.–	16860.–	36800.–	40300.–	75580.–	77390.–

Leistungsaufnahme PS	50	100	330	525	700	1100	1450
Leistungsabgabe	32	68	220	380	470	750	1000
Drehzahl	1080	985	630	250	215	215	215
Wirkungsgrad etwa %	86	90	91	91	91	92	92
Antriebsart	Riementrieb	Riementrieb	Riementrieb	Kupplung	Kupplung	Kupplung	Kupplung
Preis des Dynamo 1 Satz Spannschienen bezw. Fundamentanker 1 Nebenschlußregler Fracht und Verpackung Fundament. Treibriemen Verbindungsleitung Schaltanlage Montage Summe RM	3200.-	6200.-	19500.-	30000.-	36000.-	44000.-	60000.-
Kosten der Kraftmaschine 1) Dieselmotor Summe RM	8000.-	23000.-	53400.-	85000.-		160000.-	210000.-
Gesamtsumme RM	11200.-	29200.-	72900.-	115000.-		204000.-	270000.-
2) Sauggasmotor Summe RM	13200.-	22200.-	56500.-	94500.-	110000.-		
Gesamtsumme RM	16400.-	28400.-	76000.-	124500.-	146000.-		

IX. Betriebskosten.

Tabelle 10—22. Abb. 63—75.

Leistung	PS - KW	2 PS - 1.5 KW			4 PS - 3 KW			6 PS - 4.5 KW			10 PS - 7.5 KW		
Belastung		100%	75%	50%	100%	75%	50%	100%	75%	50%	100%	75%	50%
Betriebs Stunden	Feste Kosten	25.-	33.4	50	14.5	19.5	29.-	17.4	14.-	26.-	12.20	16.4	24.40
250	Summe	46.55	58.50	81.60	32.30	40.15	53.40	28.60	35.21	46.90	27.14	33.03	43.98
	Höchstpreis pro KWh bei Strombezug	32.30	40.25	54.30	24.33	29.44	37.46	19.60	23.19	28.90	20.33	23.93	30.36
500	Summe	34.05	41.80	56.60	25.10	30.45	38.90	22.10	26.51	33.90	21.04	24.86	31.70
	Höchstpreis pro KWh bei Strombezug	25.55	30.44	39.60	20.27	23.98	29.24	17.06	19.76	23.82	17.31	19.87	24.24
1000	Summe	28.55	34.50	45.60	21.90	26.15	32.60	19.27	22.71	28.24	18.01	21.25	26.40
	Höchstpreis pro KWh bei Strombezug	22.30	26.09	33.10	18.45	21.53	25.70	15.96	18.28	21.62	15.61	18.05	21.60
1500	Summe	26.21	31.35	40.92	20.54	24.31	29.88	18.04	21.09	25.78	17.24	19.70	24.10
	Höchstpreis pro KWh bei Strombezug	20.93	24.30	30.36	17.68	20.49	24.16	15.46	17.64	20.62	15.42	17.27	20.46
2000	Summe	25.45	30.30	39.40	20.08	23.71	28.96	17.64	20.53	24.98	16.50	19.21	23.34
	Höchstpreis pro KWh bei Strombezug	20.49	23.68	29.48	17.42	20.16	23.64	15.32	17.42	20.34	14.87	17.03	20.08
2400	Summe	24.80	29.46	38.10	29.70	23.19	28.20	17.29	20.09	24.28	16.53	19.33	22.68
	Höchstpreis pro KWh bei Strombezug	19.31	23.19	28.72	27.21	19.86	23.24	15.17	17.25	20.04	15.06	17.37	19.74
3000	Summe	24.15	28.58	36.80	19.32	22.69	27.42	16.96	19.64	23.61	16.21	18.84	22.04
	Höchstpreis pro KWh bei Strombezug	19.73	22.67	27.96	16.99	19.58	22.76	15.04	17.08	19.77	14.91	17.10	19.44
4000	Summe	23.50	27.70	35.50	18.94	22.18	26.68	16.62	18.95	22.94	15.90	17.91	21.42
	Höchstpreis pro KWh bei Strombezug	19.35	22.15	27.20	16.78	19.29	22.36	14.91	16.66	19.52	14.76	16.38	19.14
5000	Summe	23.36	27.53	35.22	18.87	22.08	26.54	16.55	19.06	22.80	15.83	17.83	21.28
	Höchstpreis pro KWh bei Strombezug	19.28	22.07	27.06	16.74	19.23	22.28	14.88	14.38	19.46	14.74	16.38	19.10
7200	Summe	22.81	26.79	34.12	18.54	21.65	25.88	16.26	18.70	22.22	15.56	17.46	20.74
	Höchstpreis pro KWh bei Strombezug	18.95	21.63	26.40	16.55	18.99	21.90	14.76	14.54	19.22	14.60	16.18	18.82

Leistung PS - KW		2 - 1.5			4 - 3			6 - 4.5			10 - 7.5			20 - 15			30 - 22.5		
Belastung		100%	75%	50%	100%	75%	50%	100%	75%	50%	100%	75%	50%	100%	75%	50%	100%	75%	50%
Betriebsstunden 250	Summe	41.84	53.04	74.38	28.57	35.47	47.84	25.18	31.18	41.96	23.27	28.73	38.44	21.33	26.31	34.37	19.21	25.733	33.36
	Höchstpreis pro KWh bei Strombezug	28.19	34.79	47.08	20.60	24.76	31.90	16.18	19.16	23.96	16.46	19.63	24.82	15.53	18.56	22.77	14.22	19.043	23.42
500	Summe	29.34	36.34	49.38	21.37	25.77	33.34	18.68	22.48	28.96	17.17	20.53	26.24	15.48	18.46	23.67	24.71	17.933	22.36
	Höchstpreis pro KWh bei Strombezug	20.94	24.98	32.38	16.54	19.30	23.68	13.64	15.73	18.88	13.44	15.54	18.78	12.41	14.35	17.53	21.93	14.463	15.80
1000	Summe	23.84	29.04	38.38	18.17	21.47	27.04	15.85	18.68	23.30	14.48	16.95	20.94	12.91	14.91	18.53	12.31	14.263	17.56
	Höchstpreis pro KWh bei Strombezug	17.59	20.63	25.88	14.72	16.85	20.14	12.54	14.25	16.68	12.08	13.75	16.14	11.03	12.38	14.77	10.66	12.043	14.26
1500	Summe	21.50	25.89	33.70	16.81	19.63	24.32	14.62	17.06	20.84	13.37	15.40	18.64	11.83	13.55	16.37	11.27	12.883	15.48
	Höchstpreis pro KWh bei Strombezug	16.22	18.84	23.14	14.13	15.81	18.60	12.04	13.61	15.68	11.55	12.97	15.00	10.44	11.71	13.79	10.06	11.273	13.06
2000	Summe	20.74	24.84	32.18	16.35	19.03	23.40	14.22	16.50	20.04	12.99	14.91	17.88	11.46	13.03	15.63	10.91	12.413	14.76
	Höchstpreis pro KW bei Strombezug	15.86	18.22	22.26	13.69	15.48	18.08	11.90	13.39	15.40	11.36	12.73	14.62	10.26	11.42	13.23	9.84	10.993	12.62
2400	Summe	20.09	24.00	30.88	15.97	18.51	22.64	13.87	16.06	19.34	12.66	15.03	17.22	11.15	12.65	15.01	10.63	12.033	14.20
	Höchstpreis pro KWh bei Strombezug	15.20	17.73	21.50	13.48	15.18	17.68	11.75	13.22	15.10	11.19	13.07	14.28	10.09	11.22	12.89	9.67	10.773	12.28
3000	Summe	19.44	23.12	29.58	15.59	18.01	21.88	13.54		18.67	12.34	14.54	16.58	10.87	12.24	14.45	10.35	11.653	13.64
	Höchstpreis pro KWh bei Strombezug	15.02	17.21	20.74	13.26	14.90	17.22	11.62		14.83	11.04	12.80	13.98	9.95	11.01	12.61	9.53	10.353	12.00
4000	Summe	18.79	22.24	28.28	15.21	17.50	21.12	13.20	14.92	18.00	12.03	13.81	15.96	10.55	12.02	13.80	10.06	11.273	13.06
	Höchstpreis pro KWh bei Strombezug	14.64	16.69	19.98	13.05	14.61	16.80	11.49	12.63	14.58	10.89	12.08	13.68	9.77	10.98	12.24	9.36	10.333	11.06
5000	Summe	18.65	22.07	28.00	15.14	17.40	20.98	13.13	15.03	17.86	11.96	13.53	15.82	10.48	11.74	13.67	10.00	11.193	12.94
	Höchstpreis pro KWh bei Strombezug	14.57	16.61	19.84	13.01	14.55	16.72	11.46	12.79	14.52	10.87	12.08	13.64	9.73	11.36	12.17	9.32	10.293	11.58
7200	Summe	18.10	21.33	26.90	14.81	16.97	20.32	12.84	14.67	17.28	11.69	13.16	15.28	10.22	11.40	13.15	9.76	10.873	12.46
	Höchstpreis pro KWh bei Strombezug	14.24	16.17	29.18	12.82	14.31	16.34	11.34	12.66	14.28	10.73	11.88	13.36	9.58	10.55	11.87	9.19	10.113	11.22

Leistung	PS - KW	10 - 7.5	20 - 15	30 - 22	50 - 37	100 - 75	100 - 75	330 - 224	524 - 387	1100 - 810	1450 - 1070
Betriebs-Stunden	Feste Kosten	17.-	15.3	13.60	10.25	9.9	14.75	10.50	10.50	9.50	9.45
250	Summe	23.25	20.83	19.11	14.81	14.08	18.23	13.77	13.72	12.68	12.62
	Höchstpreis pro KWh bei Strombezug	16.44	15.03	14.12		3.25	7.40	3.51	8.32		
500	Summe	14.75	13.23	12.31	9.69	9.13	10.86	8.52	8.47	7.92	7.87
	Höchstpreis pro KWh bei Strombezug	11.02	10.16	9.53	0.64	3.60	5.33	4.86	5.93		
1000	Summe	11.03	9.83	9.41	7.44	6.98	7.62	6.22	6.12	5.84	5.81
	Höchstpreis pro KWh bei Strombezug	8.63	7.95	7.76	2.24	3.83	4.47	4.13	4.68		
1500	Summe	9.43	8.39	8.11	6.48	5.86	6.54	5.24	5.18	4.95	4.93
	Höchstpreis pro KWh bei Strombezug	7.61	7.00	6.91	2.95	3.70	4.38	3.82	4.20		
2000	Summe	8.93	7.91	7.67	6.16	5.74	5.68	4.91	4.85	4.66	4.64
	Höchstpreis pro KWh bei Strombezug	7.30	6.71	6.60	3.21	3.94	3.87	3.72	4.03		
2400	Summe	8.45	7.52	7.31	5.89	5.48	5.40	4.63	4.57	4.42	4.42
	Höchstpreis pro KWh bei Strombezug	6.98	6.46	6.35	3.38	3.95	3.87	3.63	3.88		
3000	Summe	8.02	7.12	6.95	5.63	5.22	5.01	4.36	4.30	4.16	4.15
	Höchstpreis pro KWh bei Strombezug	6.72	6.20	6.13	3.58	3.97	3.76	3.55	3.74		
4000	Summe	7.59	6.72	5.59	5.36	4.96	4.63	4.09	4.03	3.91	3.91
	Höchstpreis pro KWh bei Strombezug	6.45	5.94	5.89	3.81	3.99	3.66	3.46	3.60		
5000	Summe	7.49	6.65	6.46	5.30	4.91	4.55	4.04	3.99	3.86	3.86
	Höchstpreis pro KWh bei Strombezug	6.40	5.90	5.78	3.81	3.99	3.63	3.45	3.58		

Leistung PS - KW		10-7.5	20-15	30-22	50-37	100-75	100-75	330-224	525-387	1100-810	1450-1070
Betriebs-Stunden	Feste Kosten	22.70	20 50	18 45	13.75	13.35	19.70	14.-	13.96	12.62	12.60
250	Summe	29.57	•26.43	24.35	18.58	17.75	23.42	17.48	17.37	15.98	15.947
	Höchstpreis pro KWh bei Strombezug	20.45	18.68	17.66		3.18	8.85	7.80	10.64		
500	Summe	18.22	16.18	15.13	11.70	11.07	13.57	10.48	10.39	9.67	9.647
	Höchstpreis pro KWh bei Strombezug	13.23	12.07	11.56		3.70	6.20	5.60	7.00		
1000	Summe	13.27	11.73	11.11	8.71	8.15	9.26	7.45	7.38	6.91	6.877
	Höchstpreis pro KWh bei Strombezug	10.07	9.20	8 89	1.76	3.90	5.01	4.65	5.45		
1500	Summe	11.13	9.75	9.37	7.43	6.90	7.41	6.11	6.06	5 73	5.697
	Höchstpreis pro KWh bei Strombezug	8.70	7.91	7.76	2.70	4.02	4.53	4.22	4.75		
2000	Summe	10.48	9.18	8.79	6.97	6.51	6 80	5.67	5.61	5.34	5.317
	Höchstpreis pro KWh bei Strombezug	8.28	7.57	7.37	2.98	4.08	4.37	4.09	4 51		
2400	Summe	9.84	8.60	8.31	6.62	6.14	6.29	5.33	5.24	5.01	4.997
	Höchstpreis pro KWh bei Strombezug	7.88	6.17	7.05	3.25	4.08	4.23	4.00	4.32		
3000	Summe	9.23	8.07	7.83	6.29	5.79	5.77	4.94	4.88	4.68	4.657
	Höchstpreis pro KWh bei Strombezug	7.49	6.84	6.53	3.54	4.11	4.09	3.86	4.13		
4000	Summe	8 65	7.53	7.35	5.90	5.45	5.27	4.57	4.51	4.35	4.337
	Höchstpreis pro KWh bei Strombezug	7.12	6.49	6.41	3.77	4.14	3.96	3.73	3.34		
5000	Summe	8.53	7.42	7.17	5.23	5.37	5.15	4.52	4.44	4.28	4.257
	Höchstpreis pro KWh bei Strombezug	7.08	6.42	6.27	3.83	4.15	3.94	3.74	3.30		
7200	Summe	8.42	6.97	6.86	5.81	5.08	4.72	4.19	4.12	4.00	3.987
	Höchstpreis pro KWh bei Strombezug	7.14	6.12	6.10	4.34	4.18	3.82	3.63	3.72		

Abb. 66. Tab. 13. Dieselmotoren. Angaben in Pfg/kWh. Belastung 75 %.

Leistung	PS - KW	10 - 7.5	20 - 15	30 - 22	50 - 37	100 - 75	100 - 75	330 - 224	525 - 387	1100 - 810	1450 - 1070
Betriebs-Stunden	Feste Kosten	34.-	30.6	27.2	20.5	19.8	29.50	21.-	21.-	19.-	18.90
250	Summe	42.21	37.38	33.94	25.75	24.67	33.66	24.83	24.73	22.65	22.53
	Höchstpreis pro KWh bei Strombezug	28.51	25.78	24.00		3.01	12.00	10.31	14.65		
500	Summe	25.51	22.18	20.34	15.51	14.77	18.92	14.33	14.23	13.15	13.05
	Höchstpreis pro KWh bei Strombezug	17.75	16.04	14.78		3.71	7.86	7.01	9.15		
1000	Summe	17.77	15.38	14.54	11.01	10.47	12.44	9.73	9.53	8.99	8.85
	Höchstpreis pro KWh bei Strombezug	12.97	11.62	11.24	0.61	4.17	6.14	5.55	6.65		
1500	Summe	14.57	12.50	11.94	9.09	8.23	10.28	7.77	7.85	7.21	7.19
	Höchstpreis pro KWh bei Strombezug	10.93	9.72	9.52	2.03	3.91	5.96	4.93	5.69		
2000	Summe	13.57	11.54	11.06	8.45	7.99	8.75	7.11	6.99	6.63	6.57
	Höchstpreis pro KWh bei Strombezug	10.31	9.14	8.92	2.55	4.37	5.14	4.73	5.35		
3000	Summe	12.61	10.76	10.34	7.91	7.47	8.00	6.55	6.43	6.15	6.13
	Höchstpreis pro KWh bei Strombezug	9.67	8.64	8.42	2.89	4.41	4.94	4.55	5.05		
4000	Summe	11.75	9.96	9.62	7.39	6.95	7.22	6.01	5.89	5.63	5.59
	Höchstpreis pro KWh bei Strombezug	9.15	8.12	7.98	3.29	4.45	4.72	4.39	4.77		
5000	Summe	10.85	9.16	8.90	5.41	6.43	6.46	5.47	5.35	5.13	5.11
	Höchstpreis pro KWh bei Strombezug	8.57	7.60	7.50	2.31	4.49	4.52	4.21	4.49		
6000	Summe	10.69	9.02	8.64	6.73	6.33	6.30	5.37	5.27	5.03	5.01
	Höchstpreis pro KWh bei Strombezug	8.51	7.52	7.28	3.75	4.99	4.46	4.19	4.45		
7200	Summe	9.93	8.32	8.06	6.29	5.89	5.64	4.89	4.79	4.61	4.59
	Höchstpreis pro KWh bei Strombezug	8.01	7.04	6.82	4.09	4.53	3.28	4.05	4.21		

Leistung PS - KW		50/32	100/68	330/220	525/380	1100/750	1450/1000	50/32	100/68	330/220	525/380	1100/750	1450/1000	50/32	100/68	330/220	525/380	1100/750	1450/1000
Belastung		100%						75%						50%					
250	Summe	22.04	24.44	19.38	17.93	16.50	16.39	27.93	32.35	24.81	22.94	21.04	20.927	39.58	45.69	35.81	32.96	30.06	29.84
	Höchstpreis pro KWh bei Strombezug	9.54	17.84	15.68	14.03	13.14	13.03	11.23	23.55	19.91	17.74	16.49	15.477	14.58	32.49	28.41	25.16	24.34	23.12
500	Summe	13.64	14.14	11.48	10.73	9.94	9.91	16.73	18.55	14.31	13.34	12.34	12.277	22.78	25.17	30.01	18.52	17.01	16.89
	Höchstpreis pro KWh bei Strombezug	7.34	10.84	9.58	9.78	8.26	8.23	8.33	14.15	11.81	10.74	10.08	10.017	10.28	18.57	26.31	14.62	13.65	13.53
1000	Summe	9.96	9.64	8.03	7.58	7.11	6.08	11.83	12.59	9.75	9.14	8.54	8.477	15.42	16.17	13.01	8.18	11.30	11.22
	Höchstpreis pro KWh bei Strombezug	6.52	7.78	6.99	6.49	6.16	5.13	7.23	10.11	8.36	7.69	7.27	7.207	8.54	12.45	10.93	6.00	9.40	9.32
1500	Summe	8.39	7.71	6.54	6.23	5.88	5.85	9.73	10.01	7.76	7.34	6.90	6.847	12.28	12.31	10.13	9.48	6.84	8.76
	Höchstpreis pro KWh bei Strombezug	6.09	6.47	5.85	5.50	5.25	5.22	6.66	9.36	6.74	6.37	6.05	5.997	7.68	9.87	9.75	8.02	5.58	7.50
2000	Summe	7.87	7.06	6.06	5.78	5.48	5.46	9.03	9.15	7.11	6.74	6.36	6.317	11.24	11.01	9.17	8.58	8.04	7.98
	Höchstpreis pro KWh bei Strombezug	5.95	6.00	5.48	5.17	4.95	4.93	6.47	7.80	6.34	5.93	5.66	5.617	7.40	8.99	8.01	7.36	6.98	6.92
2400	Summe	7.43	6.54	5.84	5.40	5.14	5.13	8.45	8.45	6.55	6.22	5.90	5.877	10.36	9.97	8.33	7.82	7.36	7.32
	Höchstpreis pro KWh bei Strombezug	5.83	5.68	5.16	4.89	4.70	4.69	6.31	7.30	5.91	5.54	5.41	5.287	7.16	8.25	7.37	6.80	6.48	6.44
3000	Summe	6.99	5.99	5.23	5.03	4.80	4.79	7.87	7.72	6.01	6.74	5.46	5.427	9.48	8.87	7.51	7.08	6.68	6.64
	Hochstpreis pro KWh bei Strombezug	5.71	5.30	4.84	4.62	4.45	4.44	6.15	6.80	5.49	6.20	4.99	4.957	6.92	7.49	6.73	6.26	5.98	5.94
4000	Summe	6.56	5.45	4.82	4.65	4.46	4.45	7.28	7.00	5.46	5.24	5.00	5.007	8.62	7.79	6.69	6.32	6.00	5.96
	Höchstpreis pro KWh bei Strombezug	5.60	4.92	4.53	4.34	4.19	4.18	6.00	6.32	5.07	4.84	4.65	4.657	6.70	6.73	6.11	5.71	5.46	5.42
5000	Summe	6.46	5.28	4.73	4.58	4.39	4.38	7.16	6.85	5.34	5.14	4.91	4.877	8.42	7.57	6.51	6.18	5.86	5.82
	Höchstpreis pro KWh bei Strombezug	5.58	4.80	4.46	4.30	4.14	4.13	5.99	6.21	4.98	4.76	4.68	4.547	6.66	6.61	5.97	5.62	5.36	5.32
7200	Summe	6.09	4.88	4.385	4.26	4.10	4.09	6.66	6.24	4.88	4.71	4.52	4.487	7.68	6.65	5.82	5.54	5.28	5.24
	Höchstpreis pro KWh bei Strombezug	5.47	4.55	4.195	4.06	3.93	3.92	5.83	5.80	4.63	4.45	4.29	4.257	6.44	5.99	5.44	5.14	4.94	4.90

Leistung	PS - KW	20 - 15	28 - 20.6	55 - 40	110 - 80	330 - 244	525 - 387	700 - 515
Betriebs Stunden	Feste Kosten	21.1	16.-	16.9	14.2	11.10	11.74	10 6
250	Summe	25.25	19.85	19.9	16.8	13.61	14.21	12 74
	Höchstpreis pro KWh bei Strombezug	19.45	14.86	2.00	5 97	6 35	8 81	
500	Summe	14.70	11.85	11.45	9 70	8.06	8.34	7.44
	Höchstpreis pro KWh bei Strombezug	11.63	9.07	2.40	4 17	4.40	5 80	
1000	Summe	10.10	8.35	7.75	6.60	5.63	5.77	5.03
	Höchstpreis pro KWh bei Strombezug	8 22	6 70	2 55	3.45	3 54	4 33	
1500	Summe	7.11	6.85	6.54	5.27	4.59	4.67	4.07
	Höchstpreis pro KWh bei Strombezug	5.72	5.64	3.01	3.11	3.17	3 63	
2000	Summe	8.45	6.35	5.64	4.82	4.25	4.31	3.74
	Höchstpreis pro KWh bei Strombezug	7.25	5 28	2.69	3.01	3.06	3 49	
2400	Summe	6.90	5.97	5.20	4 45	3.96	4.01	3.47
	Höchstpreis pro KWh bei Strombezug	5.84	5.01	2 69	2 92	2 96	3 32	
3000	Summe	6.35	5.52	4.70	4.08	3.67	3.70	3 21
	Höchstpreis pro KWh bei Strombezug	5 43	4.70	2 65	2 83	2 86	3 14	
4000	Summe	5.80	5.10	4.34	3.71	3.38	3.39	2.94
	Höchstpreis pro KWh bei Strombezug	5.02	4.40	2 79	2 74	2 75	2 96	
5000	Summe	5 67	5.01	4.23	3.64	3.33	3.32	2 89
	Höchstpreis pro KWh bei Strombezug	4 92	4 33	2 74	2.72	2 74	2 91	
7200	Summe	5 20	4.66	3.85	3 32	3.07	3.06	2.66
	Höchstpreis pro KWh bei Strombezug	4 56	4 03	2 73	2 64	2.65	2 76	

Leistung	PS - KW	20 - 15	28 - 20.6	55 - 40	110 - 80	330 - 244	525 - 387	700 - 515
Betriebs Stunden	Feste Kosten	28.2	21.3	22.70	19.00	14.85	15.68	14.1
250	Summe	32.88	25.53	25.96	21.79	17.54	18.31	16.39
	Höchstpreis pro KWh bei Strombezug	25.13	18.84	1.99	7.22	7.86	11.58	
500	Summe	19.18	14.88	14.61	12.29	10.12	10.47	9.34
	Höchstpreis pro KWh bei Strombezug	15.07	11.31	2.49	4.92	5.24	7.08	
1000	Summe	12.63	10.23	9.62	8.14	6.85	7.04	6.14
	Höchstpreis pro KWh bei Strombezug	10.10	8.01	2.67	3.89	4.05	5.11	
1500	Summe	9.98	8.23	7.50	6.36	5.47	5.57	4.87
	Höchstpreis pro KWh bei Strombezug	8.14	6.62	2.77	3.48	3.58	4.26	
2000	Summe	9.09	7.57	6.80	5.61	5.01	5.09	4.43
	Höchstpreis pro KWh bei Strombezug	7.48	3.15	2.81	3.18	3.43	3.99	
2400	Summe	8.38	6.91	6.21		4.62	4.65	4.06
	Höchstpreis pro KWh bei Strombezug	6.95	5.65	2.84		3.29	3.73	
3000	Summe	7.63	6.46	5.62	4.77	4.24	4.27	3.72
	Höchstpreis per KWh bei Strombezug	6.40	5.16	2.87	3.09	3.16	3.52	
4000	Summe	6.69	5.90	5.03	4.29	3.85	3.86	3.36
	Höchstpreis per KWh bei Strombezug	5.85	4.96	2.90	2.98	3.01	3.31	
5000	Summe	6.72	5.78	4.90	4.18	3.77	3.77	3.29
	Höchstpreis pro KWh bei Strombezug	5.72	4.88	2.90	2.96	2.99	3.23	
7200	Summe	6.10	5.31	4.40	3.75	3.44	3.42	2.98
	Höchstpreis pro KWh bei Strombezug	5.25	4.55	2.93	2.85	2.88	3.02	

Leistung	PS - KW	20 - 15	28 - 20.6	55 - 40	110 - 80	330 - 244	525 - 387	700 - 515
Betriebs Stunden	Feste Kosten	42.2	32.-	33.80	28.4	22.2	23.48	21.2
250	Summe	47.99	37.19	37.75	31.72	25.35	26.55	23.86
	Höchstpreis pro KWh bei Strombezug	36.39	27.25	1.95	10.06	10.83	16.47	
500	Summe	20.89	21.19	20.85	17.52	14.25	14.81	13.26
	Höchstpreis pro KWh bei Strombezug	14.75	15.63	2.75	6.46	6.93	9.73	
1000	Summe	17.69	14.19	13.45	11.32	10.35	9.67	8.44
	Höchstpreis pro KWh bei Strombezug	13.93	10.89	3.05	5.02	6.17	6.79	
1500	Summe	13.71	11.19	11.03	8.66	7.31	7.47	6.52
	Höchstpreis pro KWh bei Strombezug	12.92	8.77	3.97	4.34	4.47	5.51	
2000	Summe	12.39	10.19	9.23	7.76	6.63	6.75	5.86
	Höchstpreis pro KWh bei Strombezug	9.99	8.05	3.33	4.14	4.25	5.11	
2400	Summe	11.29	9.43	8.35	7.02	6.05	6.15	5.32
	Höchstpreis pro KWh bei Strombezug	9.17	7.51	3.33	3.98	4.05	4.77	
3000	Summe	10.19	8.53	7.47	6.28	5.47	5.53	4.80
	Höchstpreis pro KWh bei Strombezug	8.35	6.89	3.37	3.78	3.85	4.41	
4000	Summe	9.09	7.69	6.63	5.54	4.89	4.91	4.26
	Höchstpreis pro KWh bei Strombezug	7.53	6.29	3.53	3.60	3.63	4.05	
5000	Summe	8.83	7.51	6.41	5.40	4.79	4.77	4.16
	Höchstpreis pro KWh bei Strombezug	7.33	6.15	3.43	3.56	3.61	3.95	
7200	Summe	7.89	6.81	5.65	4.76	4.27	4.25	3.70
	Höchstpreis pro KWh bei Strombezug	6.61	5.57	3.45	3.40	3.43	3.67	

Leistung PS · KW		50·32	100·68	330·220	525·380	700·515	50·32	100·68	330·220	525·380	700·515	55·32	110·68	330·220	525·380	700·515
Belastung		100%					75%					50%				
250	Summe	28·02	22·86	19·24	18·00	17·24	36·50	23·57	24·94	23·28	22·41	53·66	43·64	36·44	33·96	32·71
	Höchstpreis pro KWh bei Strombezug	15·52	16·26	15·54	14·10	13,34	19·80	20·87	20·04	18·08	17·21	28·66	30·44	29·04	26·16	24·91
500	Summe	15·72	12·86	11·04	10·30	9·79	20·00	16·37	13·84	13·08	12·46	29·06	23·64	19·84	18·66	17·81
	Höchstpreis pro KWh bei Strombezug	9·42	9·56	9·14	8·35	7·84	11·60	11·97	11·44	10·48	9·86	16·56	17·04	16·24	14·76	13·91
1000	Summe	10·36	8·51	7·39	7·00	6·53	12·95	10·62	9·14	8·62	8·11	18·34	14·94	12·74	11·96	11·21
	Höchstpreis pro KWh bei Strombezug	6·92	6·65	6·35	5·91	5·44	8·35	8·14	7·75	7·17	6·66	11·46	11·22	10·66	9·78	9·03
1500	Summe	8·05	6·63	5·84	5·57	5·14	9·88	8·10	7·08	6·71	6·25	13·72	11·18	9·64	9·10	8·51
	Höchstpreis pro KWh bei Strombezug	6·02	4·39	5·15	4·84	4·41	6·81	6·45	6·06	5·74	5·28	9·12	8·74	8·26	7·64	7·05
2000	Summe	7·27	6·00	5·32	5·08	4·66	8·84	7·26	6·38	6·06	5·61	12·46	9·92	8·60	8·12	7·55
	Höchstpreis pro KWh bei Strombezug	5·35	4·94	4·74	4·47	4·05	6·28	5·91	5·61	5·25	4·80	8·32	7·80	7·44	6·90	6·33
2400	Summe	6·62	5·48	4·90	4·69	4·28	7·96	6·57	5·86	5·44	5·10	10·86	8·88	7·76	7·34	6·79
	Höchstpreis pro KWh bei Strombezug	5·02	4·62	4·42	4·18	3·77	5·82	5·42	5·22	4·76	4·42	7·66	7·16	6·90	6·32	5·77
3000	Summe	5·98	4·96	4·46	4·29	3·89	7·12	5·87	5·23	5·00	4·58	9·58	7·84	6·88	6·54	6·01
	Höchstpreis pro KWh bei Strombezug	4·70	4·27	4·07	3·88	3·48	5·40	4·95	4·71	4·46	4·04	7·02	6·46	6·10	5·72	5·19
4000	Summe	5·35	4·43	4·03	3·89	3·50	6·27	5·16	4·66	4·47	4·06	8·31	6·78	6·02	5·74	5·23
	Höchstpreis pro KWh bei Strombezug	4·39	3·90	3·74	3·58	3·19	4·99	4·48	4·27	4·07	3·66	6·39	5·72	5·44	5·13	4·62
5000	Summe	5·22	4·52	3·95	3·81	3·42	6·10	5·02	4·49	4·36	3·95	8·06	6·56	5·86	5·58	5·07
	Höchstpreis pro KWh bei Strombezug	4·34	4·04	3·68	3·53	3·14	4·93	4·38	4·13	3·98	3·57	6·30	5·60	5·32	5·02	4·51
7200	Summe	4·67	3·88	3·58	3·47	3·09	5·37	4·43	4·06	3·908	3·51	6·96	5·68	5·12	4·90	4·41
	Höchstpreis pro KWh bei Strombezug	4·05	3·55	3·39	3·27	2·89	4·54	3·99	3·81	3·648	3·25	5·72	5·02	4·74	4·50	4·01

Leistung	PS - KW		2 - 1.5	4 - 3	6 - 4.5	10 - 7.5	20 - 15	30 - 22.5	50 - 38 Niedersp	50 - 38 mit Transform	100 - 75	330 - 274	525 - 387		
250	Summe	Belastung 100%	13.65	7.97	9.0	6.81	5.80	4.99	4.6	17.90	10.83	7.26	5.40		
		75%	18.25	10.71	12.02	9.10	7.75	6.69	6.07	23.97	14.57	9.68	6.73		
		50%	27.30	15.94	18.00	13.62	11.60	9.94	9.2	35.80	21.66	14.52	10.08		
500	Summe	Belastung 100%	8.50	4.83	5.04	3.73	3.07	2.78	2.4	9.05	5.53	3.66	2.54		
		75%	11.36	6.47	6.75	4.99	4.11	3.57	3.17	12.12	7.37	4.88	3.39		
		50%	17.00	9.66	10.08	7.46	6.14	5.56	4.8	18.10	11.06	7.32	5.08		
1000	Summe	Belastung 100%	6.25	3.45	3.31	2.40	1.88	1.65	1.44	5.20	3.15	2.09	1.44		
		75%	8.41	4.62	4.43	3.20	2.53	2.22	1.92	6.95	4.25	2.80	1.93		
		50%	12.50	6.90	6.62	4.80	3.76	3.30	2.88	10.40	6.30	4.18	2.88		
1500	Summe	Belastung 100%	5.28	2.86	2.58	1.82	1.39	1.21	1.03	3.53	2.16	1.42	0.98		
		75%	7.05	3.82	3.45	2.43	1.84	1.51	1.37	4.73	2.88	1.89	1.31		
		50%	10.56	5.72	5.16	3.64	2.78	2.42	2.06	7.06	4.32	2.84	1.96		
2000	Summe	Belastung 100%	4.96	2.66	2.32	1.63	1.20	1.07	0.89	2.95	1.81	1.19	0.82		
		75%	6.62	3.55	3.11	2.18	1.61	1.42	1.19	3.39	2.43	1.58	1.10		
		50%	9.92	5.32	4.64	3.26	2.40	2.14	1.78	5.90	3.62	2.38	1.64		
2400	Summe	Belastung 100%	4.89	2.49	2.12	1.47	1.06	0.96	0.77	2.51	1.53	1.00	0.69		
		75%	6.27	3.33	2.84	1.96	1.43	1.26	1.03	3.37	2.06	1.33	0.92		
		50%	9.38	4.96	4.24	2.94	2.12	1.92	1.54	5.02	3.06	2.00	1.38		
3000	Summe	Belastung 100%	4.42	2.33	1.92	1.30	0.92	0.82	0.66	2.05	1.25	0.81	0.56		
		75%	5.91	3.11	2.56	1.74	1.23	1.30	0.88	2.75	1.68	1.08	0.75		
		50%	8.84	4.66	3.84	2.60	1.84	1.64	1.32	4.10	2.50	1.62	1.12		
4000	Summe	Belastung 100%	4.15	2.16	1.71	1.14	0.78	0.70	0.55	1.55	0.97	0.63	0.43		
		75%	5.55	2.89	2.29	1.53	1.04	0.94	0.74	2.13	1.31	0.84	0.57		
		50%	8.30	4.32	3.42	2.28	1.56	1.40	1.10	3.10	1.94	1.26	0.86		
5000	Summe	Belastung 100%	4.08	2.13	1.67	1.09	0.75	0.68	0.54	1.49	0.92	0.59	0.41		
		75%	5.46	2.85	2.24	1.45	1.00	0.90	0.70	2.00	1.22	0.78	0.54		
		50%	8.16	4.26	3.34	2.18	1.50	1.36	1.04	2.98	1.84	1.18	0.82		
7200	Summe	Belastung 100%	3.86	1.99	1.50	0.96	0.64	0.57	0.44	1.1	0.68	0.42	0.30		
		75%	5.16	2.66	2.01	1.28	0.85	0.76	0.56	1.47	0.90	0.56	0.40		
		50%	7.72	3.98	3.00	1.92	1.28	1.24	0.84	2.20	1.36	0.84	0.58		

Leistung	PS - KW	50/32	100/68	330/220	525/380	700/515	1100/750	1450/1000	50/32	100/68	330/220	525/380	700/515	1100/750	1450/1000	50/32	100/68	330/220	525/380	700/515	1100/750	1450/1000
Belastung		100%							75%							50%						
250	Summe	12.5	6.6	3.7	3.9	3.9	3.36	3.36	16.7	8.8	4.9	5.2	5.2	4.55	4.55	25	13.2	7.4	7.8	7.8	6.72	6.72
500	Summe	6.3	3.3	1.9	1.95	1.95	1.68	1.68	8.4	4.4	2.5	2.6	2.6	2.26	2.26	12.5	6.6	3.7	3.9	3.9	3.36	3.36
1000	Summe	3.44	1.86	1.04	1.09	1.09	0.95	0.95	4.6	2.48	1.39	1.45	1.45	1.27	1.27	6.88	3.72	2.08	2.18	2.18	1.9	1.9
1500	Summe	2.3	1.24	0.69	0.73	0.73	0.63	0.63	3.07	1.65	1.02	0.97	0.97	0.85	0.85	4.6	2.44	1.38	1.46	1.46	1.26	1.26
2000	Summe	1.92	1.06	0.58	0.61	0.61	0.53	0.53	2.56	1.35	0.77	0.81	0.81	0.7	0.7	3.84	2.12	1.16	1.22	1.22	1.06	1.06
2400	Summe	1.6	0.86	0.48	0.51	0.51	0.44	0.44	2.14	1.15	0.64	0.68	0.68	0.59	0.59	3.2	1.72	0.96	1.02	1.02	0.88	0.88
3000	Summe	1.28	0.69	0.39	0.41	0.41	0.35	0.35	1.72	0.92	0.52	0.54	0.54	0.47	0.47	2.56	1.38	0.78	0.82	0.82	0.70	0.70
4000	Summe	0.96	0.53	0.29	0.31	0.31	0.27	0.27	1.28	0.68	0.39	0.40	0.40	0.35	0.35	1.92	1.06	0.58	0.61	0.61	0.54	0.54
5000	Summe	0.88	0.48	0.27	0.28	0.28	0.25	0.25	1.17	0.64	0.36	0.38	0.38	0.33	0.33	1.76	0.96	0.54	0.56	0.56	0.50	0.50
7200	Summe	0.62	0.33	0.19	0.20	0.20	0.17	0.17	0.83	0.44	0.25	0.26	0.26	0.23	0.23	1.24	0.66	0.38	0.40	0.40	0.34	0.34

Betriebsstunden						
250	Belastung	100 %	68.4	59.83	49.46	45.8
		75 %	74.57	67.07	53.18	48.73
		50 %	86.5	73.41	60.52	53.48
500	Belastung	100 %	37.45	32.73	27.16	24.96
		75 %	40.72	35.57	28.96	26.59
		50 %	46.90	39.80	32.82	29.13
1000	Belastung	100 %	22.05	19.25	16.39	14.74
		75 %	24.25	20.85	17.4	15.68
		50 %	27.85	23.5	19.28	17.18
1500	Belastung	100 %	16.43	14.44	12.02	11.04
		75 %	17.93	15.58	12.86	11.86
		50 %	20.56	17.47	14.42	12.91
2000	Belastung	100 %	13.85	12.17	10.09	9.28
		75 %	15.09	13.09	10.80	9.85
		50 %	17.3	14.70	12.11	10.84
2400	Belastung	100 %	12.36	10.93	9.03	8.34
		75 %	13.39	11.71	9.63	8.82
		50 %	15.32	13.06	10.8	9.54
3000	Belastung	100 %	10.85	9.59	7.93	6.94
		75 %	11.75	10.32	8.45	7.83
		50 %	13.4	11.44	9.45	8.47
4000	Belastung	100 %	9.30	8.23	6.55	6.45
		75 %	10.03	8.81	7.24	6.77
		50 %	11.26	9.79	8.06	7.26
5000	Belastung	100 %	8.54	7.52	6.29	5.96
		75 %	9.3	8.07	6.04	6.19
		50 %	10.43	8.99	7.33	6.67
7200	Belastung	100 %	7.25	6.38	5.52	5.05
		75 %	7.77	6.85	5.78	5.45
		50 %	8.75	7.61	6.14	5.83

X. Betriebskosten. (Graphische Darstellung.)

Abb. 76—92.

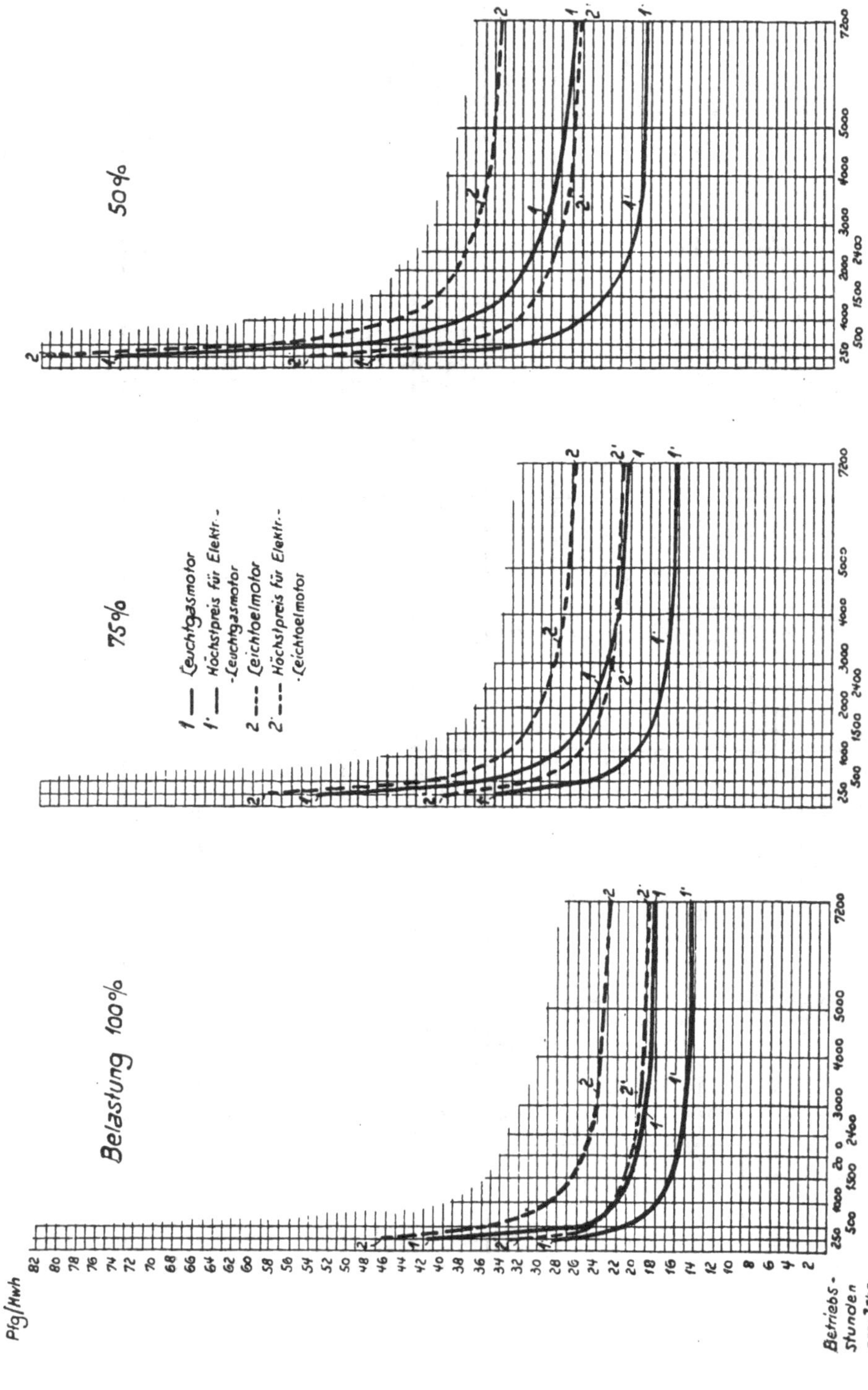

Abb. 76a. Abb. 76b. Abb. 76c.

Vergleich der Betriebskosten verschiedener Motorenarten Leistung 2 PS.

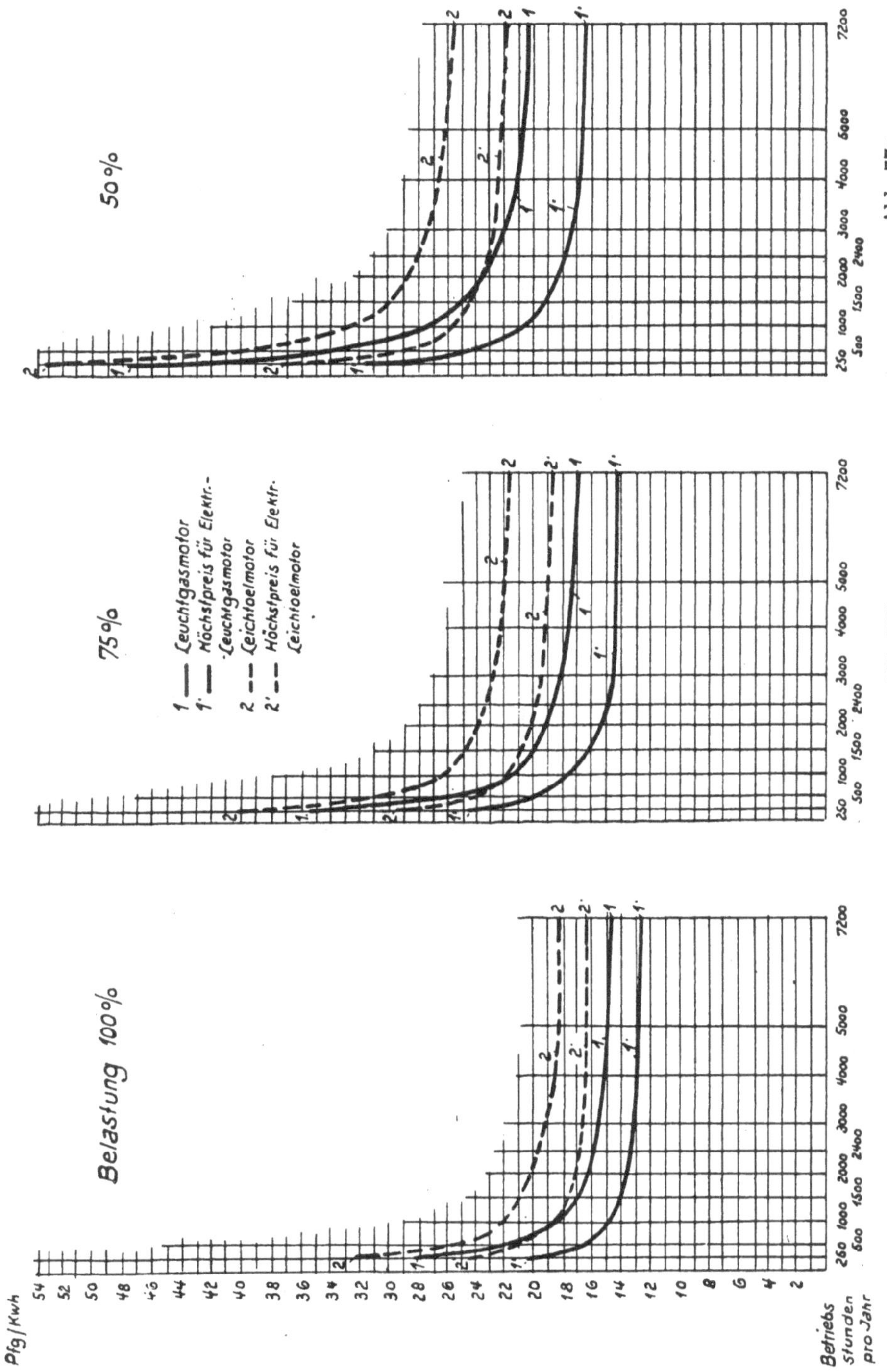

Abb. 77a. Abb. 77b. Abb. 77c.

Vergleich der Betriebskosten verschiedener Motorenarten Leistung 4 PS.

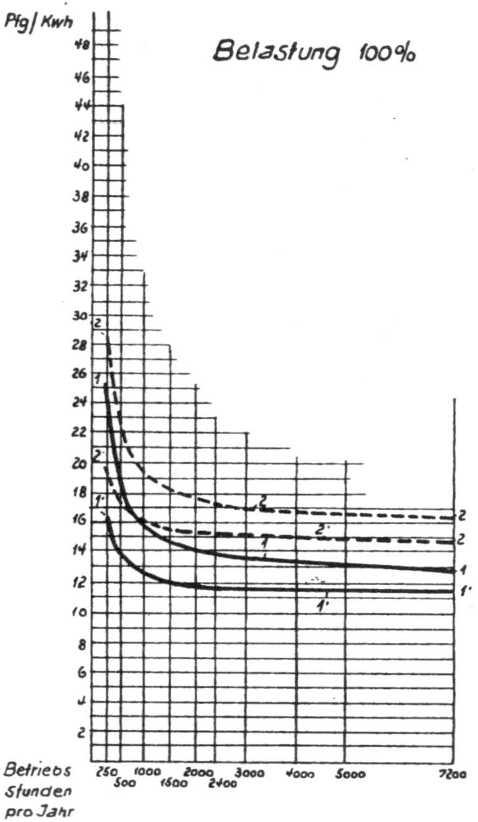

Abb. 78a.

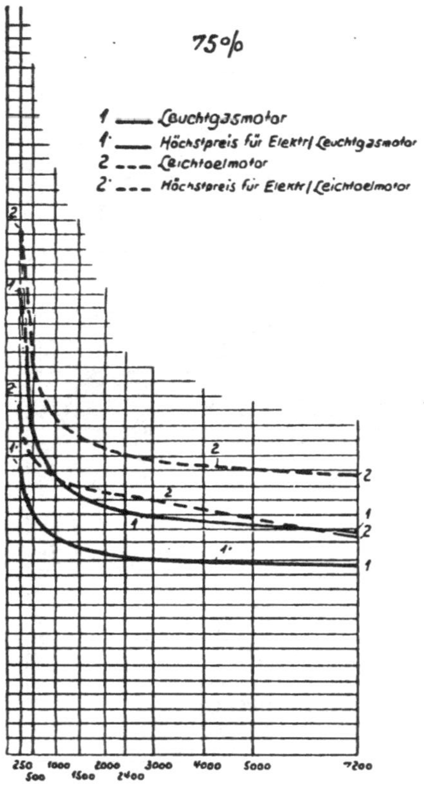

Abb. 78b.

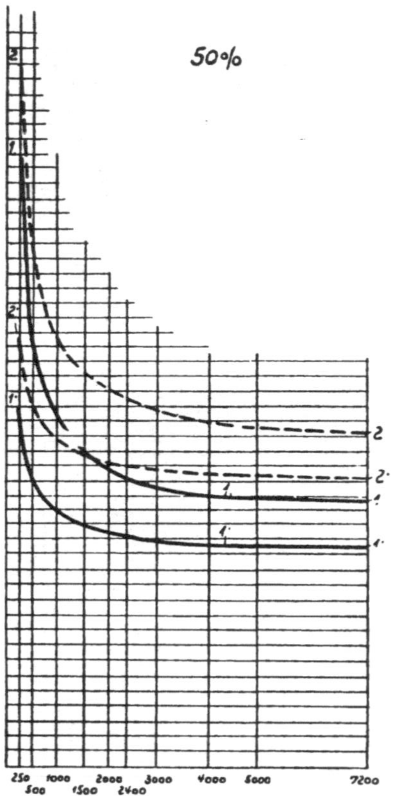

Abb. 78c.

Vergleich der Betriebskosten verschiedener Motorenarten Leistung 6 PS.

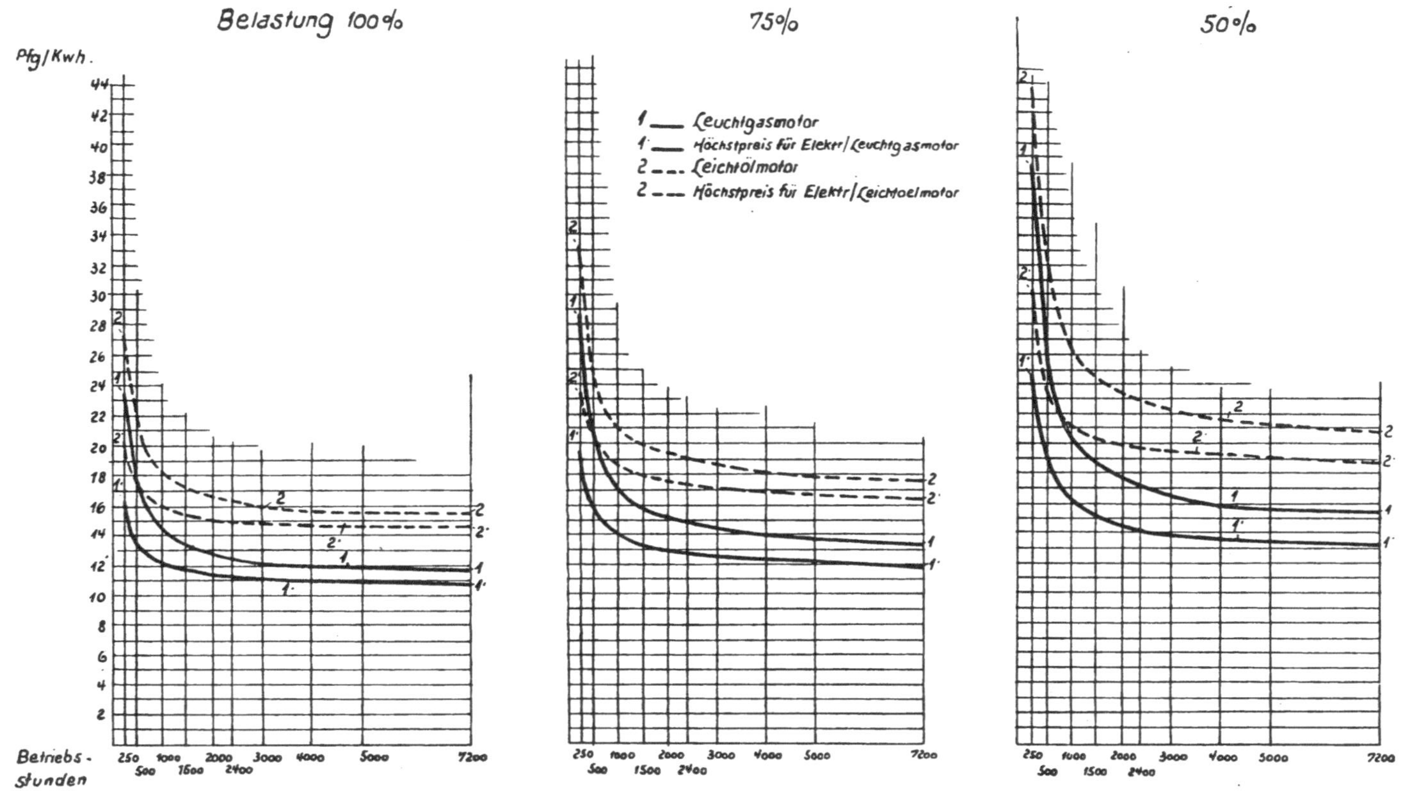

Abb. 79a. Abb. 79b. Abb. 79c.

Vergleich der Betriebskosten verschiedener Motorenarten Leistung 10 PS.

8*

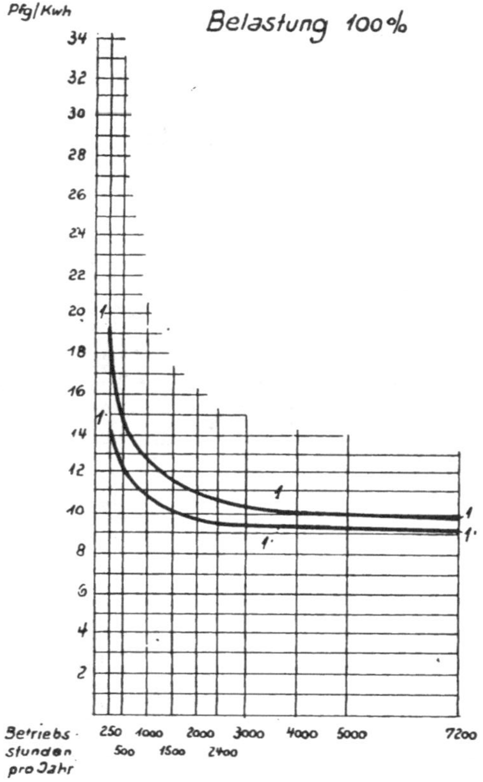

Abb. 80a.

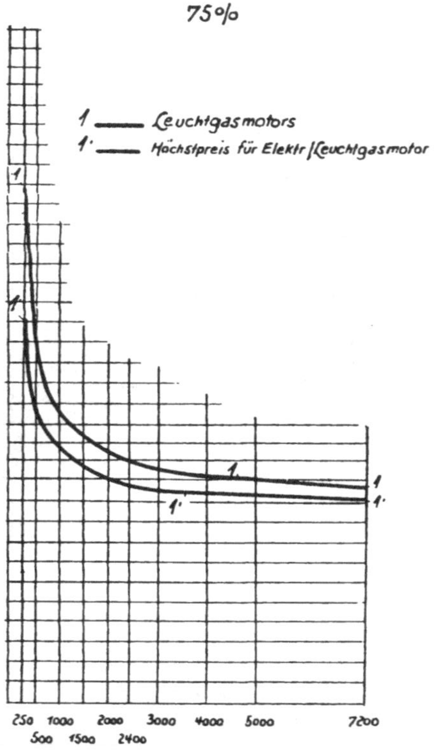

Abb. 80b.

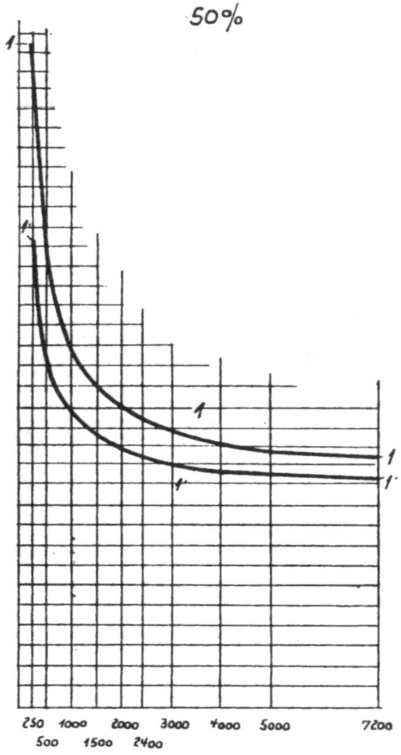

Abb. 80c.

Betriebskosten des Leuchtgasmotors Leistung 20 PS.

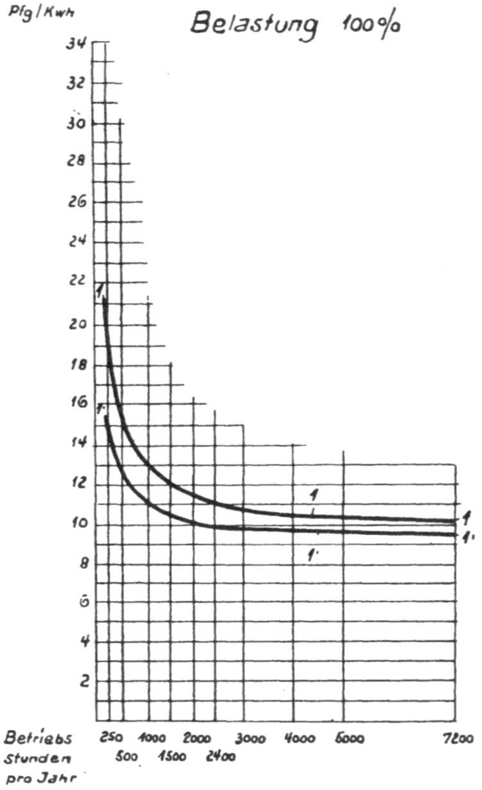

Abb. 81 a.

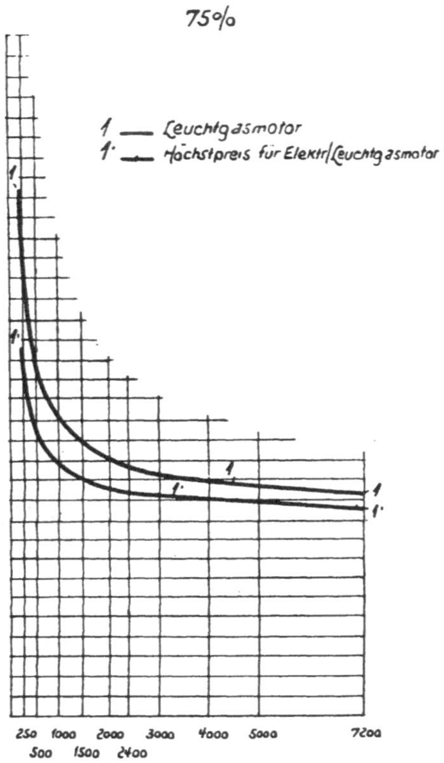

Abb. 81 b.

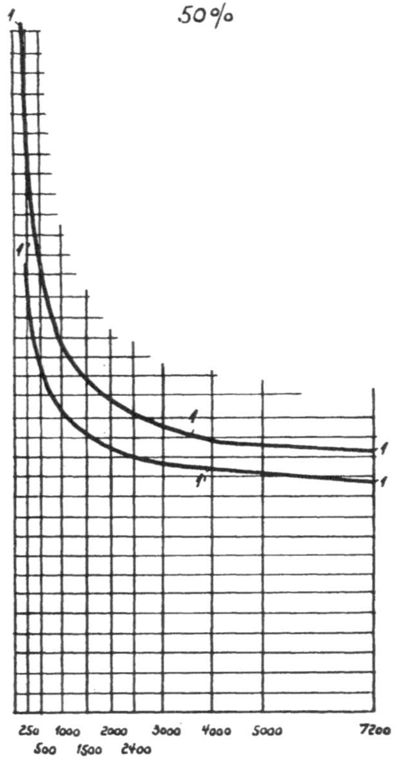

Abb. 81 c.

Betriebskosten des Leuchtgasmotors Leistung 30 PS.

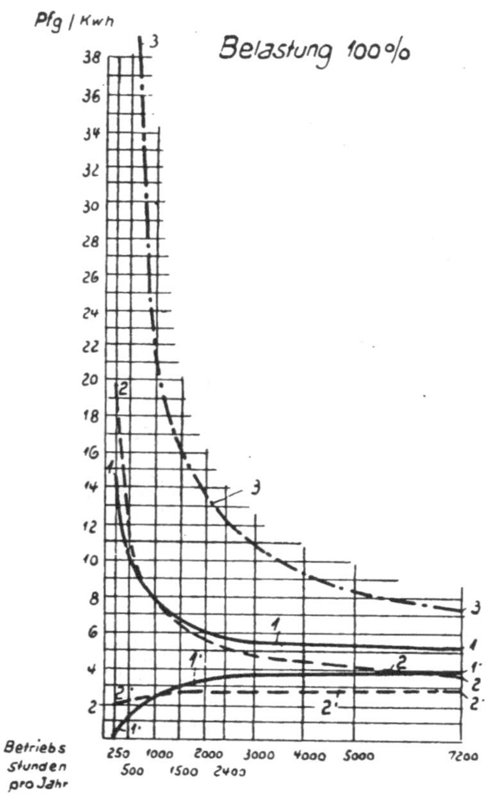

Abb. 82a.

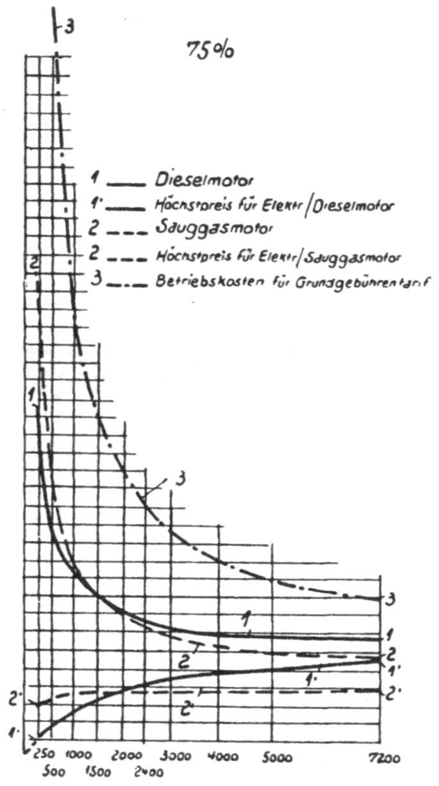

Abb. 82b.

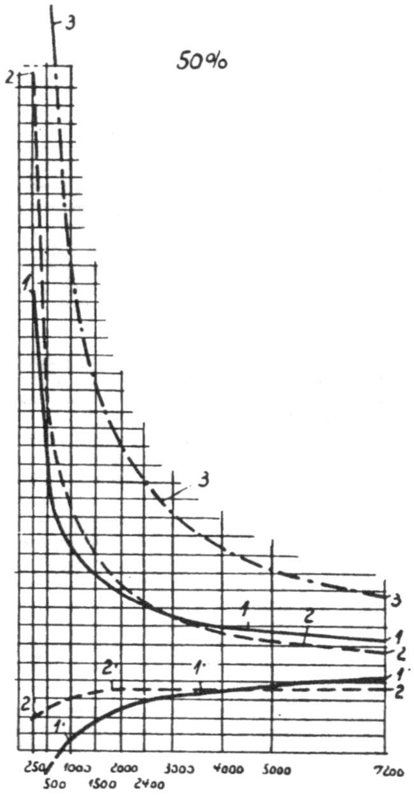

Abb. 82c.

Vergleich der Betriebskosten verschiedener Motorenarten Leistung 50 PS.

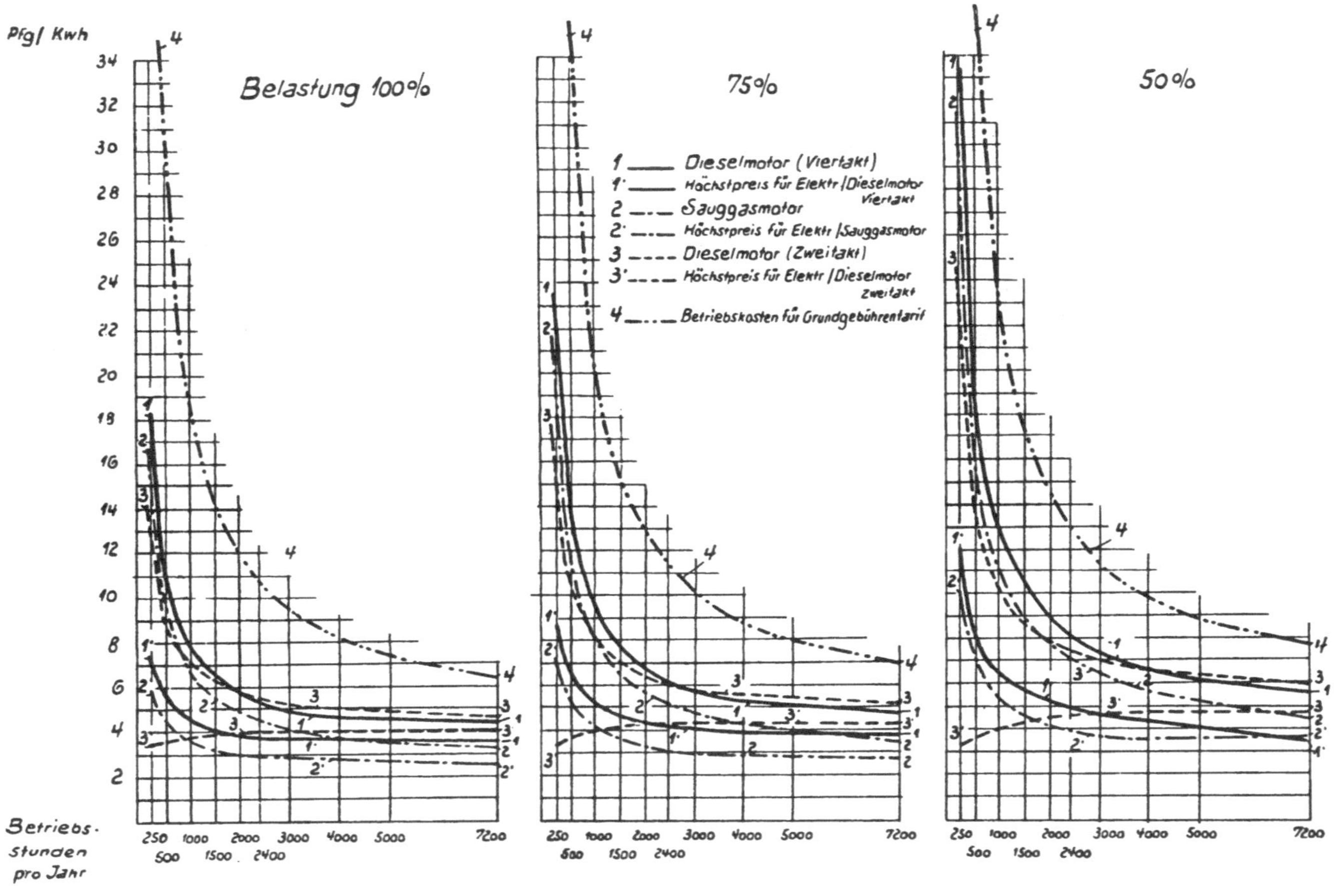

Abb. 83a. Abb. 83b. Abb. 83c.

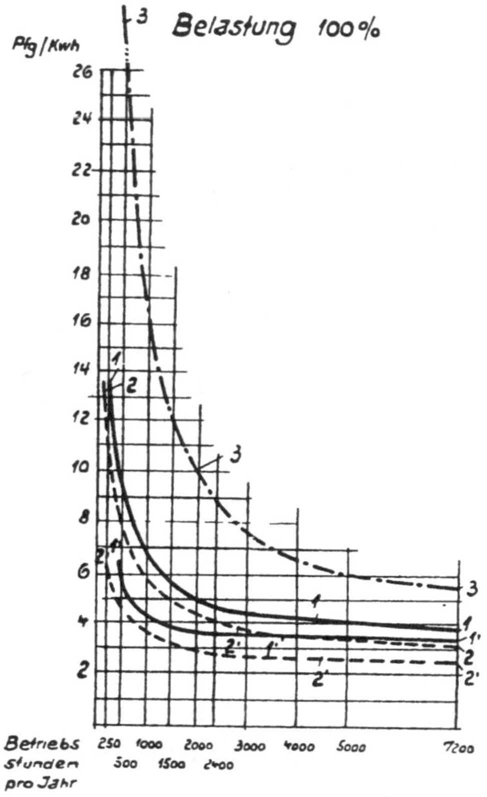

Abb. 84a.

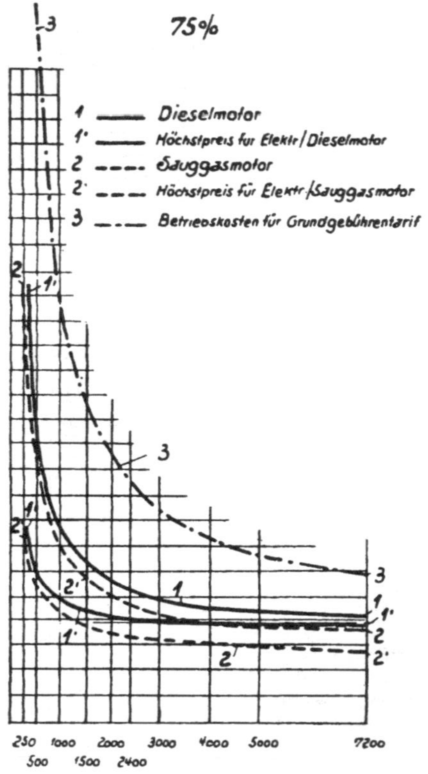

Abb. 84b.

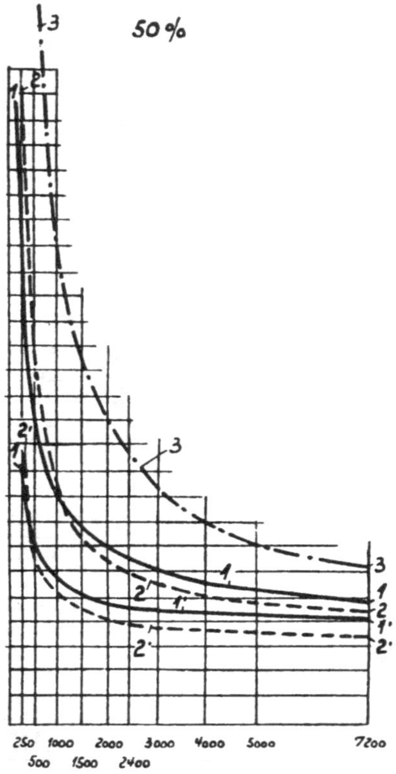

Abb. 84c.

Vergleich der Betriebskosten verschiedener Motorenarten Leistung 330 PS.

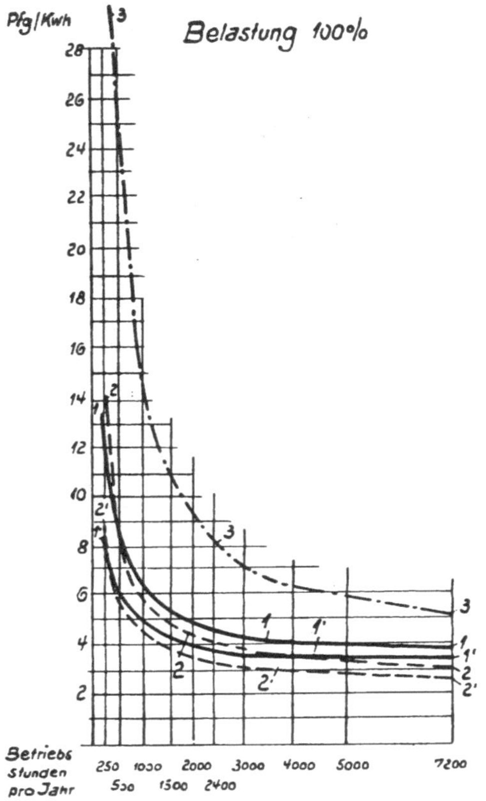

Abb. 85 a.

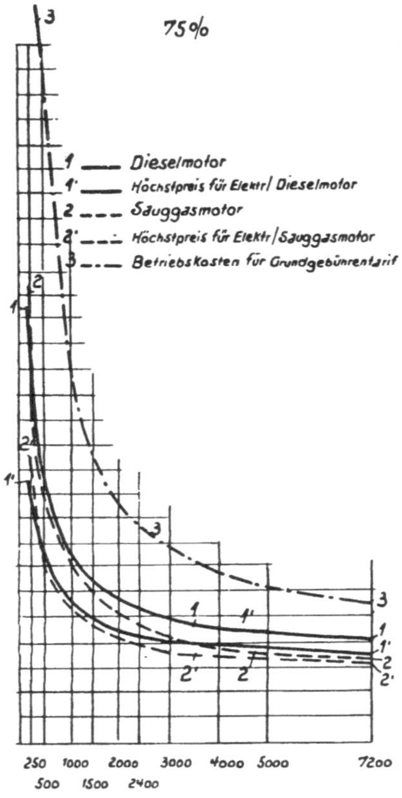

Abb. 85 b.

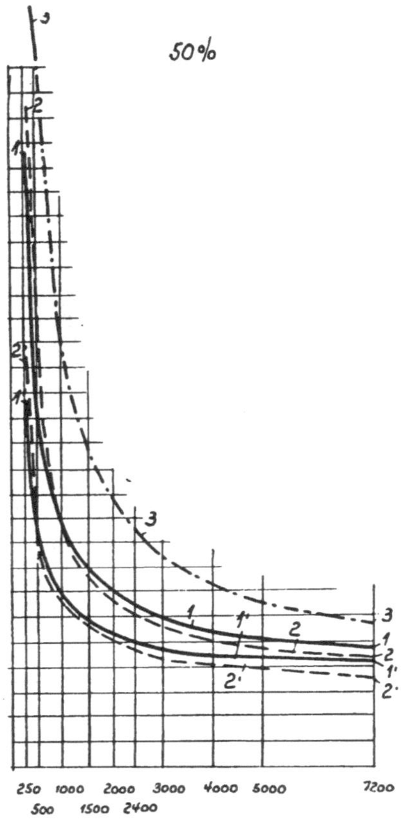

Abb. 85 c.

Vergleich der Betriebskosten verschiedener Motorenarten Leistung 525 PS.

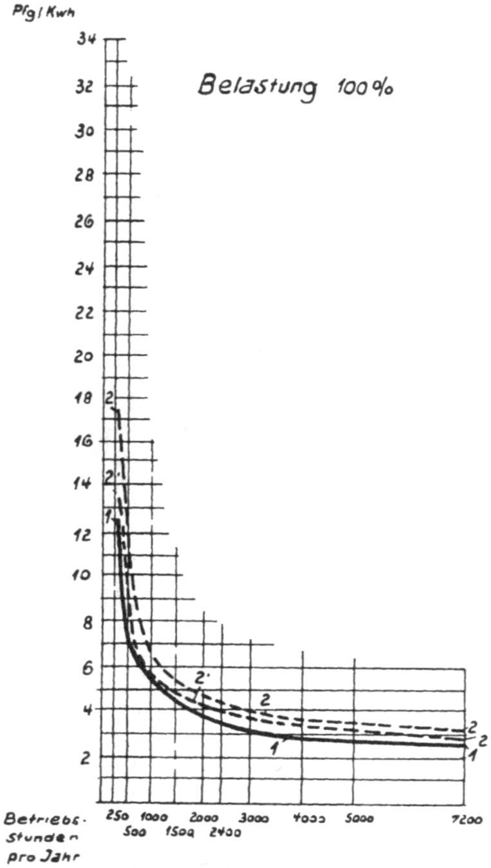

Abb. 86a.

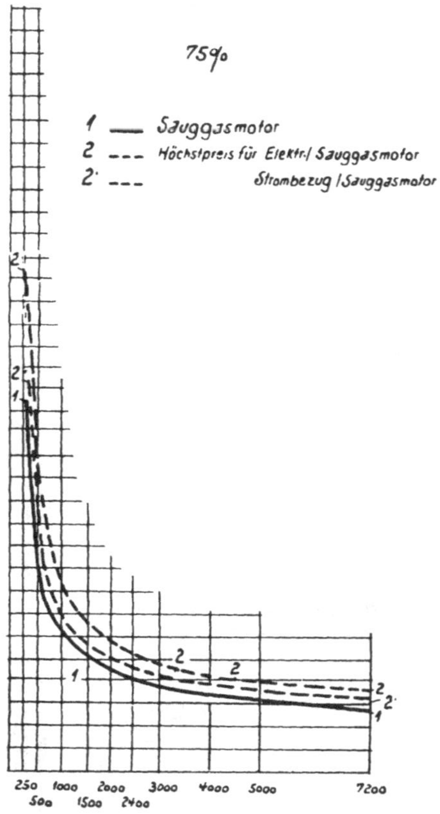

Abb. 86b.

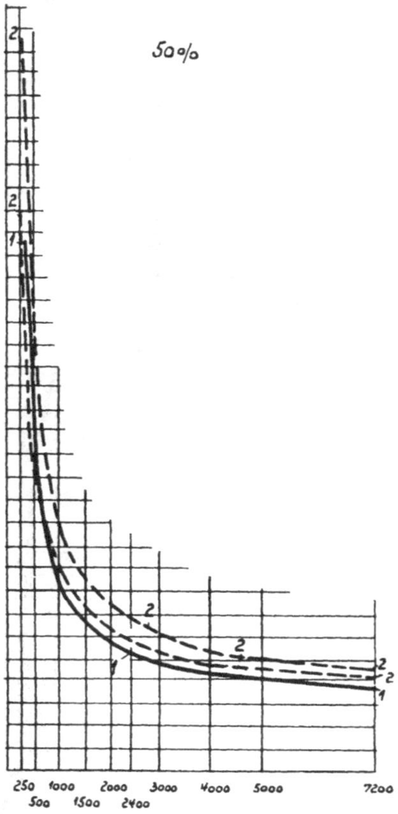

Abb. 86c.

Betriebskosten Sauggasmotor 700 PS.

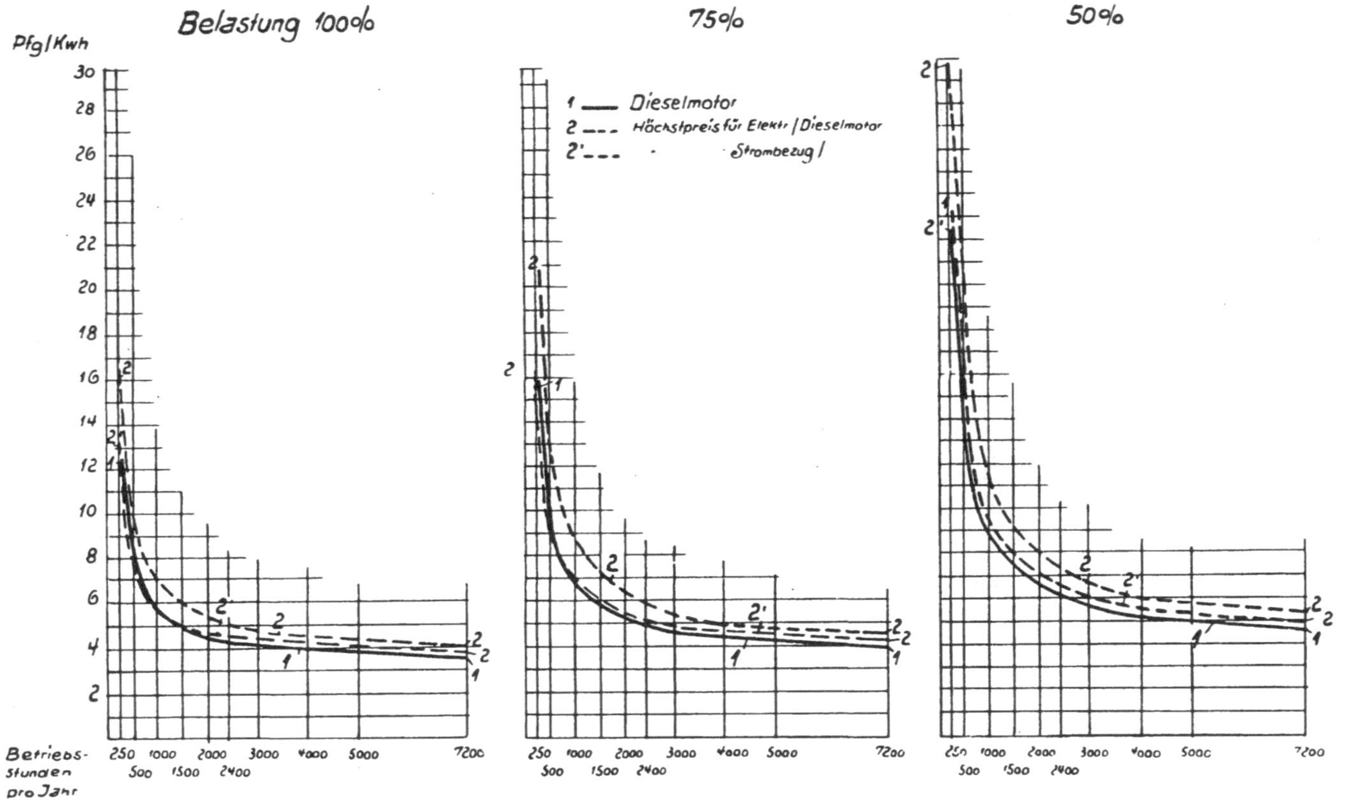

Abb. 87a. Abb. 87b. Abb. 87c.

Betriebskosten des Dieselmotors Leistung 1100 PS.

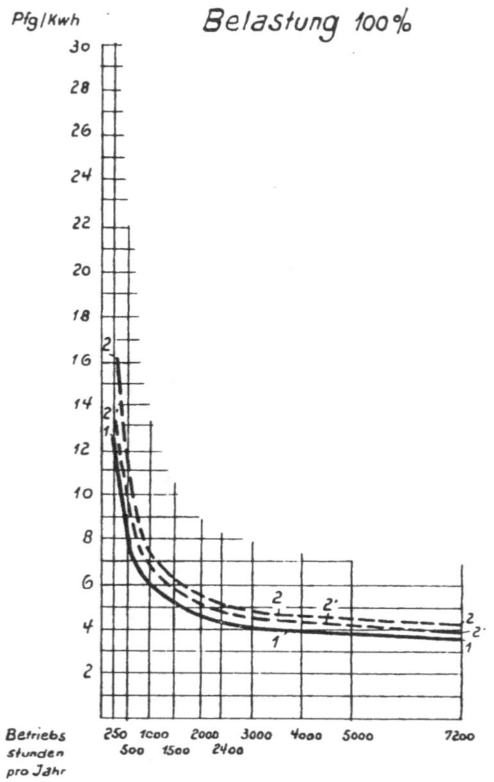

Abb. 88a.

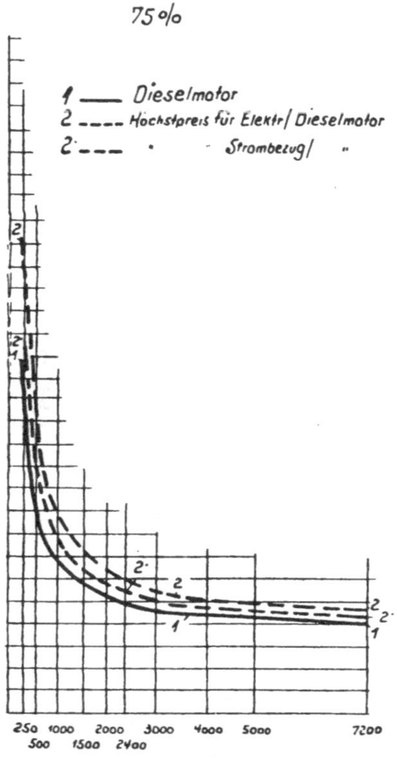

Abb. 88b.

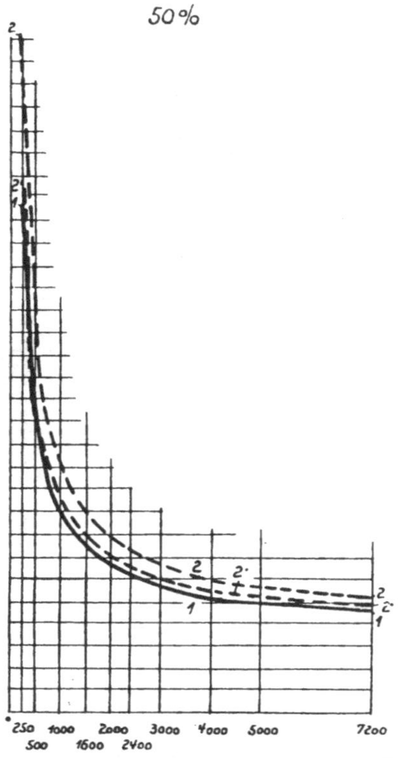

Abb. 88c.

Betriebskosten des Dieselmotors Leistung 1450 PS.

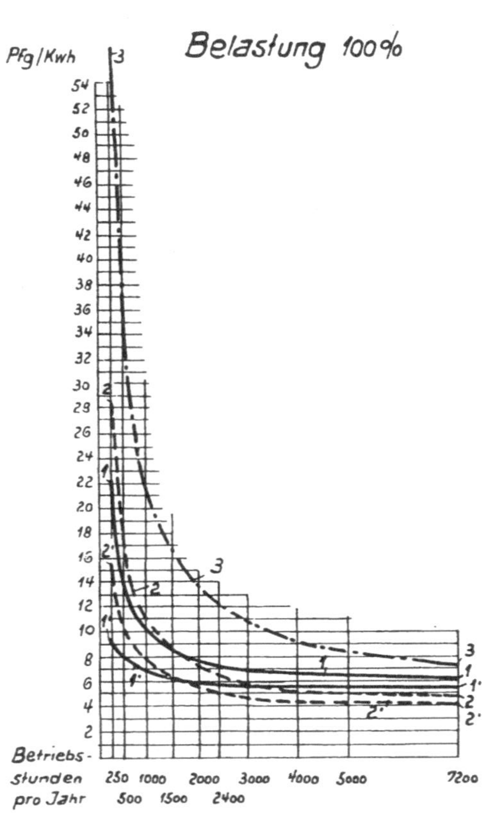

Abb. 89a.

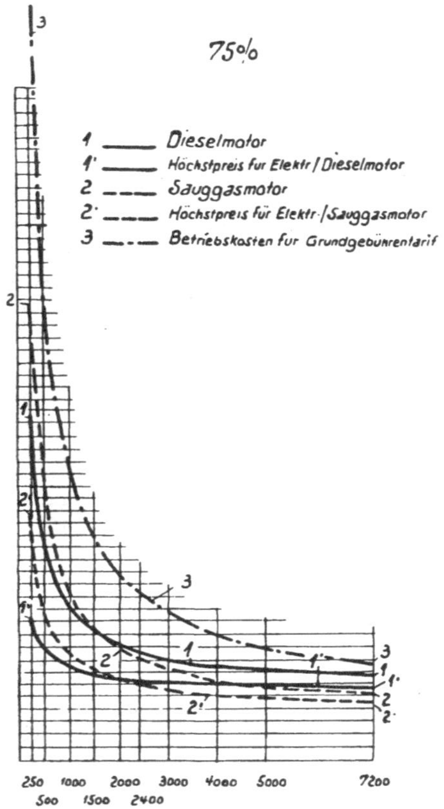

Abb. 89b.

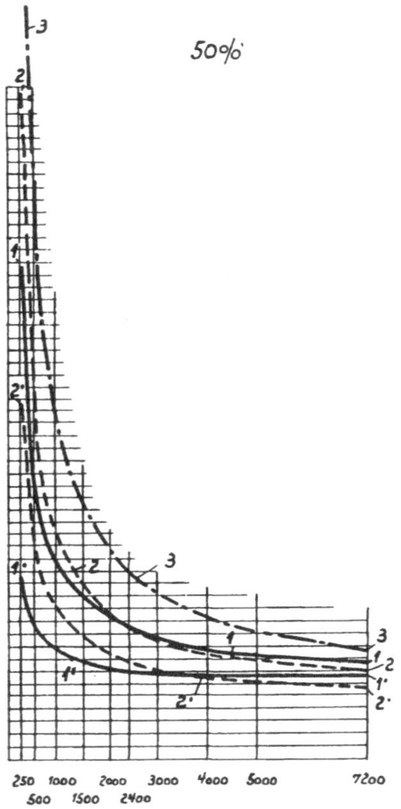

Abb. 89c.

Vergleich der Elektrizitätserzeugung mittelst Diesel bzw. Sauggasmotor m. Strombezug Leistung 50 PS.

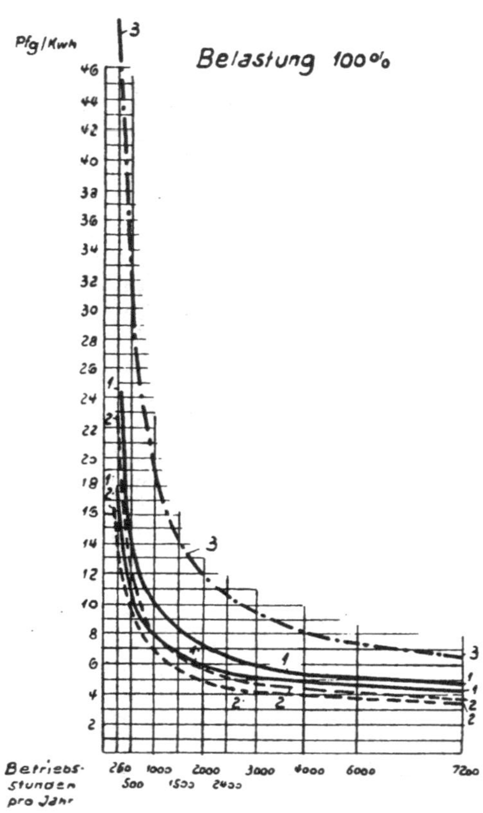

Abb. 90a.

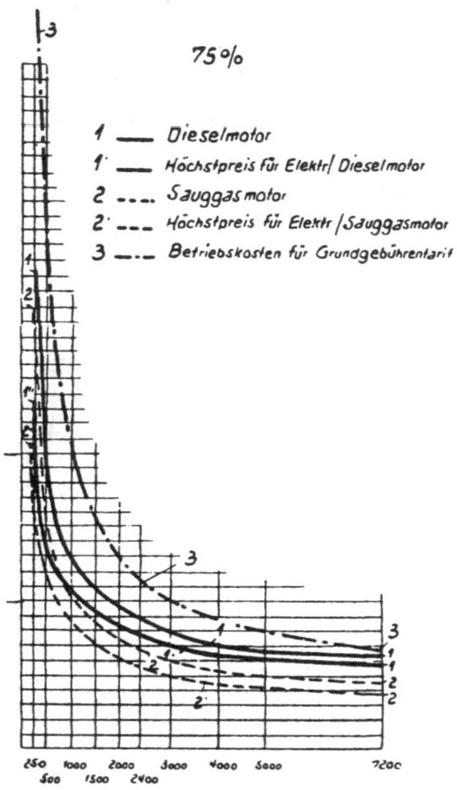

Abb. 90b.

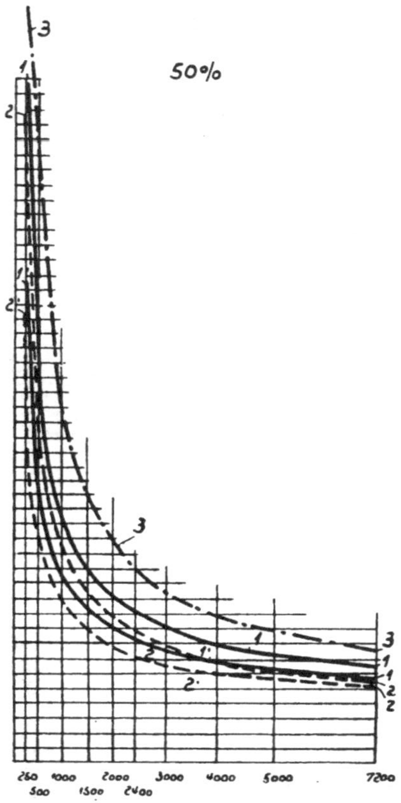

Abb. 90c.

Vergleich der Elektrizitätserzeugung mittelst Diesel- bzw. Sauggasmotor mit Strombezug. Leistung 100 PS.

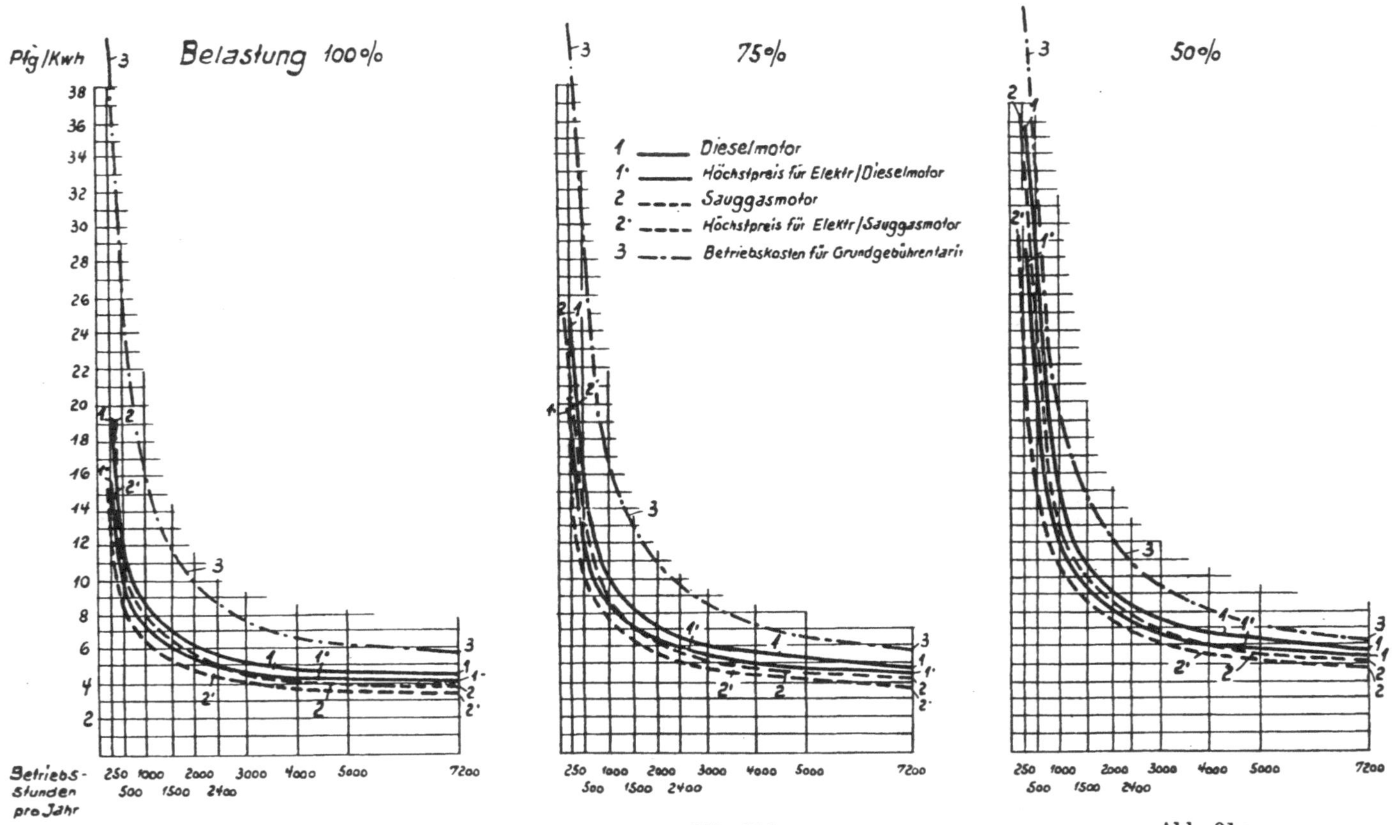

Abb. 91 a. Abb. 91 b. Abb. 91 c.

Vergleich der Elektrizitätserzeugung mittelst Diesel- bzw. Sauggasmotor mit Strombezug. Leistung 330 PS.

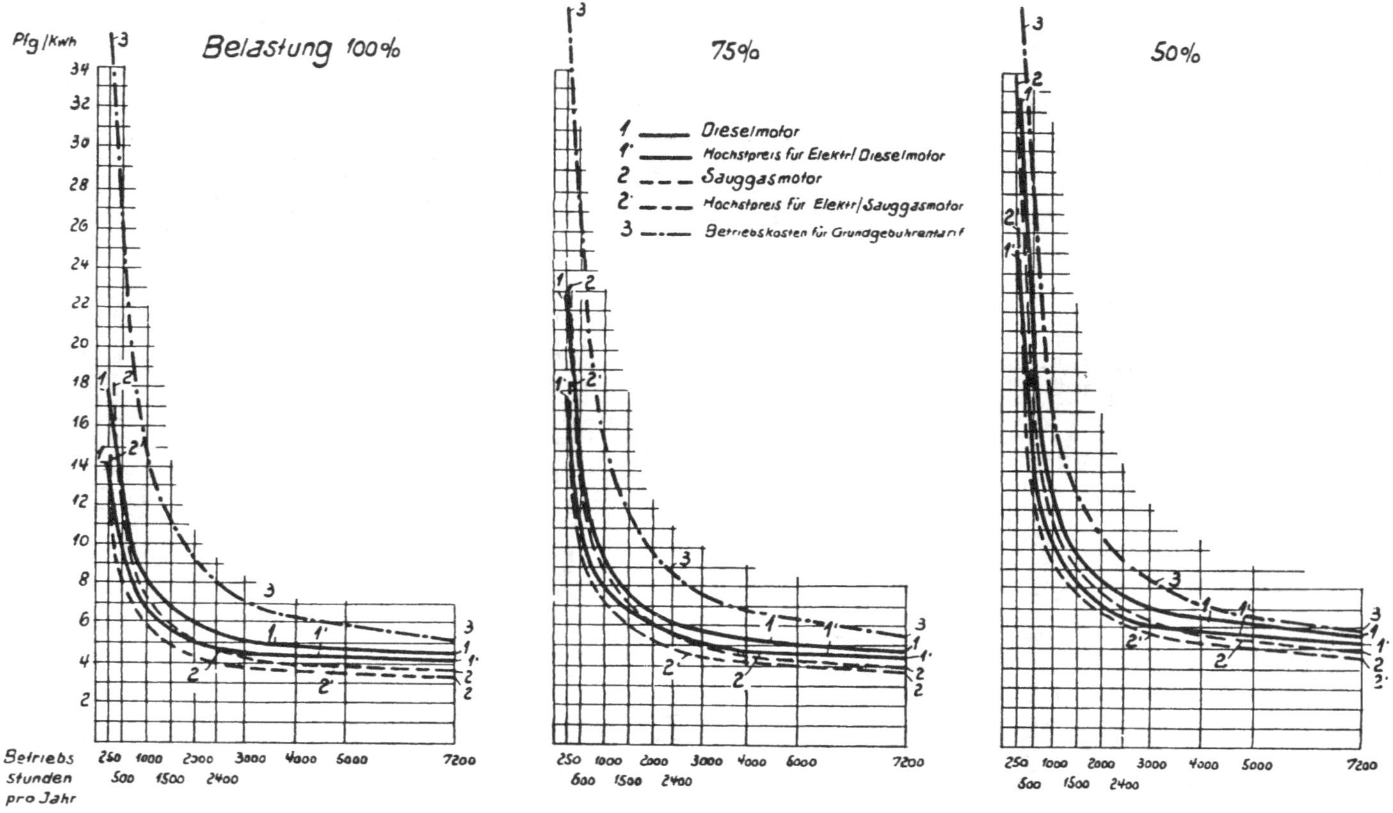

Abb. 92a. Abb. 92b. Abb. 92c.

Vergleich der Elektrizitätserzeugung mittelst Diesel- bzw. Sauggasmotor mit Strombezug Leistung 525 PS.

GÜLDNER-
Motoren-Werke
Aschaffenburg-C.
Zweigniederlassung der
Gesellschaft für
Lindes Eismaschinen A.-G.
VIERTAKT-
DIESEL-
MOTOREN
mit und ohne
Kompressor,
in Leistungen
von 30 bis 1200 PS
bewährt
in allen Betrieben
und auf Schiffen

KRAFT UND
LICHTZENTRALEN
JUNKERS
MIT
DOPPELKOLBEN
DIESELMOTOREN
OHNE VENTILE
OHNE
ZYLINDERKOPF
JUNKERS
JUNKERS-MOTORENBAU G.M.B.H. DESSAU

Vorbildlich
einfach, wirtschaftlich u. zuverlässig für jeden Kraftbetrieb
Körting
Diesel-motoren
1200 PS
ohne Kompressor D.R.P. liegend und stehend von 6–1500 PS
Leicht zu bedienen, übersichtlich im Aufbau
Ausführliche Druckschriften auf Wunsch
GEBR·KÖRTING
AKTIENGESELLSCHAFT HANNOVER-LINDEN

Spitzen-Deckung
durch
Akkumulatoren
AFA
Accumulator
ACCUMULATOREN-FABRIK
AKTIENGESELLSCHAFT
ST 2105

FSC
www.fsc.org
MIX
Papier | Fördert gute Waldnutzung
FSC® C083411

Kolibri 360 GmbH
Ferdinand-Jühlke-Straße 7
99095 Erfurt, Deutschland
produktsicherheit@kolibri360.de